Alois Schmid

Neue Wege der bayerischen Landesgeschichte

Otto-von-Freising-Vorlesungen
der Katholischen Universität Eichstätt-Ingolstadt

Herausgegeben von der
Katholischen Universität Eichstätt-Ingolstadt

Alois Schmid

Neue Wege der bayerischen Landesgeschichte

VS VERLAG FÜR SOZIALWISSENSCHAFTEN

Bibliografische Information der Deutschen Nationalbibliothek
Die Deutsche Nationalbibliothek verzeichnet diese Publikation in der
Deutschen Nationalbibliografie; detaillierte bibliografische Daten sind im Internet über
<http://dnb.d-nb.de> abrufbar.

1. Auflage 2008

Alle Rechte vorbehalten
© VS Verlag für Sozialwissenschaften | GWV Fachverlage GmbH, Wiesbaden 2008

Lektorat: Katrin Emmerich / Bettina Endres

VS Verlag für Sozialwissenschaften ist Teil der Fachverlagsgruppe
Springer Science+Business Media.
www.vs-verlag.de

Das Werk einschließlich aller seiner Teile ist urheberrechtlich geschützt. Jede Verwertung außerhalb der engen Grenzen des Urheberrechtsgesetzes ist ohne Zustimmung des Verlags unzulässig und strafbar. Das gilt insbesondere für Vervielfältigungen, Übersetzungen, Mikroverfilmungen und die Einspeicherung und Verarbeitung in elektronischen Systemen.

Die Wiedergabe von Gebrauchsnamen, Handelsnamen, Warenbezeichnungen usw. in diesem Werk berechtigt auch ohne besondere Kennzeichnung nicht zu der Annahme, dass solche Namen im Sinne der Warenzeichen- und Markenschutz-Gesetzgebung als frei zu betrachten wären und daher von jedermann benutzt werden dürften.

Umschlaggestaltung: KünkelLopka Medienentwicklung, Heidelberg
Druck und buchbinderische Verarbeitung: Krips b.v., Meppel
Gedruckt auf säurefreiem und chlorfrei gebleichtem Papier
Printed in the Netherlands

ISBN 978-3-531-16031-3

Inhaltsverzeichnis

Einleitung 7

**Teil I: Von der Heilsgeschichte zur Landesgeschichte.
Ansätze Zur Säkularisierung des Geschichtsdenkens in der bayerischen
Landeschronistik des 15. Jahrhunderts** 11

1 Die Stammessage 16

2 Die Personenzeichnung 21

3 Die Hussitenfrage 29

4 Die Zusammenfassung 31

**Teil II: Interterritoriale Landesgeschichte. Die Beziehungen Bayerns zum
Benelux-Raum im Alten Reich** 37

1 Landesgeschichte in Bayern: Bilanz und Perspektiven 38

2 Bayern und der Benelux-Raum 45

Anhang 73

Ausgewählte Literatur 77

Der Autor 83

Abbildungsverzeichnis 89

Abbildungen 91

Einleitung

Die Landesgeschichte gerät in der Wissenschaftspflege in Deutschland zusehends in die Defensive. Augenfälligstes Kennzeichen dieser breiten Entwicklung ist der fortschreitende Stellenabbau. Die Fördermittel werden beständig eingeschränkt. Auf dem zurückliegenden deutschen Historikertag wurde sorgenvoll bereits vom „Abend der Landesgeschichte" in der Bundesrepublik Deutschland gesprochen. Hauptursache für diese bedrohliche Entwicklung sind unverkennbare Verschiebungen in den politischen und gesellschaftlichen Rahmenbedingungen. Die zunehmende Technisierung und fortschreitende Ökonomisierung der modernen Lebenswelten haben im Zusammenwirken mit einer breiten Internationalisierung aller Lebensbereiche veränderte Arbeitsgrundlagen geschaffen. Die Landesgeschichte steht zu diesen Grundtendenzen unserer Gegenwart in einem unverkennbaren Gegensatz. Sie hat ihren Standort angesichts dieser sich verschiebenden Rahmenbedingungen neu zu bestimmen. Dabei muss in Deutschland auch den anderen Grundgegebenheiten der nationalen Geschichte Rechnung getragen werden. Partikularismus und Föderalismus haben hier grundsätzlich andere Voraussetzungen geschaffen als in den Zentralstaaten des Umfeldes. Der andersartige Verlauf der deutschen Geschichte erfordert andere Zugangswege und auch eigene Zugangsformen. Deswegen muss die Landesgeschichte in Deutschland einen anderen Stellenwert haben als etwa in Frankreich, Spanien oder England. In diesem Sinne muss das Teilfach in der Wissenschaftslandschaft neu positioniert werden.

Diesem Grundanliegen sind die beiden folgenden Beiträge verpflichtet. Sie können unter den verbindenden Obertitel der Suche nach „neuen Wegen" gestellt werden. Doch gehen sie dann in unterschiedliche Richtungen. Der erste Beitrag wendet den Blick zurück in die Geschichte der Landesgeschichtspflege in Deutschland und beschäftigt sich mit der reichen, teilweise sogar noch unerschlossenen Produktion der Umbruchszeit des 15. Jahrhunderts. Es war gerade im Bereich der Landesgeschichte eine Epoche der Umorientierung, die den Umgang mit der Geschichte der näheren Umgebung in neue Bahnen wies. Im Grunde wurde die Landeschronistik als eigenständiges literarisches Genus damals neu begründet. Dem Herzogtum Bayern kam dabei ohne Zweifel eine Vorreiterrolle zu, der es durch eine sehr breite und zum Teil hochrangige Produktion gerecht zu werden suchte. Die Leitfrage nach der Säkularisierung des Geschichtsdenkens, das diese Chroniken durchzieht, ist sicherlich eines der Kernprobleme, das die Trennung von der Universalchronistik der vorausgehenden Zeit verdeutlicht. Diese Leitfrage eröffnet tiefen Einblick in die Vorstellungswelt der einschlägigen Autoren und stellt einen wichtigen Beitrag zur Begründung der neuen historiographischen Gattung dar. Der zweite Aufsatz richtet den Blick in die Gegenwart und bemüht sich um Perspektiven, die bei der Standortsicherung der Teildisziplin hilfreich sein können. Der Internationalisierung der gegenwärtigen Lebenswelten soll durch eine angemessene Blickweitung in der Betrachtungsweise Rechnung getragen werden. Am ehesten auf diesem Wege scheint eine Behauptung der Landesgeschichte im sich verändernden Wissenschaftsumfeld möglich. Eine derartige Neuausrichtung der Landesgeschichte wird in unseren Tagen allmählich angegangen. Dafür soll hier ein theoretischer Rahmen zumindest angerissen werden. Ein aussagekräftiges Beispiel soll einen Weg zur Umsetzung aufzeigen. In diese Richtung einer interterritorial orientierten Landesgeschichte muss das Teilfach verstärkt geführt werden. Am ehesten so kann ihr Standort auch an Universitäten und Akademien, aber auch in der technisch, ökonomisch und international operierenden Wissensgesellschaft der Zukunft gesichert werden.

Um die Beachtung im öffentlichen Bewusstsein und auch im öffentlichen Leben braucht sich die Landesgeschichte nicht zu sorgen. Hier ist ihre Position weit weniger gefährdet als an Universitäten und Akademien. Die Internationalisierung der Lebenswelten wird von der komplementären Gegenbewegung der Regionalisierung begleitet. Diese bedingt, dass das Interesse an Themen der Landesgeschichte nicht nur ungebrochen ist, sondern eher wächst. Das gilt mehr als für die jüngere für die ältere Generation. Vor allem dieser Trend sorgt für eine breite Präsenz einschlägiger Themen auf dem Buchmarkt, in der Presse und den modernen Medien bis hin zum Fernsehen. Auch der moderne Mensch sucht in der globalisierten Welt nach der Bestimmung seines eigenen Standortes. Globalisierung und Regionalismus sind keineswegs Gegensätze, die sich ausschließen, sondern umgekehrt komplementäre Vorgänge, die sich gegenseitig ergänzen und zusammengeführt werden können.

Die Suche nach neuen Wegen ist eine fortdauernde Aufgabe für alle Wissenschaftsdisziplinen. Wissenschaft steht in untrennbarem Zusammenhang mit der Gesellschaft und muss deswegen auf Verschiebungen im gesellschaftlichen Gefüge angemessen reagieren. Das Gesamtsystem der Wissenschaften und auch die Einzelwissenschaften sind keinesfalls von Statik, sondern umgekehrt von Dynamik gekennzeichnet. Diese zwingt alle Fachdisziplinen zu beständiger Anpassung an die Gegenwart. Nur in der fortwährenden Veränderung werden sie zukunftsfähig bleiben.

Die beiden hier vorgelegten Beiträge sind aus Vorträgen erwachsen, die während des Wintersemesters 2005/06 an der Katholischen Universität Eichstätt im Rahmen der Otto von Freising-Professur gehalten wurden. Mein tiefer Dank gilt der Leitung der Universität und ihrer Geschichts- und Gesellschaftswissenschaftlichen Fakultät, dass sie mir diese verantwortungsvolle Aufgabe anvertraut haben. Sie bot mir die willkommene Möglichkeit, für ein Semester an meine frühere Wirkungsstätte zurückzukehren, wo ich im Kreis kooperativer Kollegen und aufgeschlossener Studenten inspirierende und fruchtbare Anfangsjahre im Professorenamt durchleben durfte. Ich konnte diese rundum erfreulichen Erfahrungen fortsetzen, weil die außerordentliche Professur die Gelegenheit bietet, sich jenseits des professoralen Alltagsgeschäftes verstärkt derartigen Problemfeldern zu widmen. Die Beschäftigung mit Grundsatzfragen ist eine angemessene Aufgabe gerade für die Inhaber dieser ehrenvollen Stelle.

Für wertvolle Unterstützung bei der Vorbereitung des Bändchens danke ich herzlich Frau Dr. Utta Bach MA und Bettina Kraus MA (beide München).

Teil I:

**Von der Heilsgeschichte zur Landesgeschichte.
Ansätze zur Säkularisierung des Geschichtsdenkens
in der bayerischen Landeschronistik
des 15. Jahrhunderts**

Die Frage „Heilsgeschichte oder Geschichte des Menschen?", die Karl Löwith als Leitthema allem Geschichtsdenken zugrunde legte[1], ist als Grundproblem vornehmlich an die Historiographie des späten Mittelalters und der frühen Neuzeit heranzutragen[2]. Sie stellt sich in Deutschland auch für die Landesgeschichtsschreibung, die ein Kind des Spätmittelalters ist. Ihre Entstehung hat die Ausbildung der Territorienwelt zur Voraussetzung, der sie in einem breiten Aufbruch mit einer gewissen zeitlichen Verzögerung in allen Teilen des Alten Reiches folgte[3]. Die Landeschronik tritt seit dem Ausgang des Mittelalters neben die überkommenen historiographischen Genera und gewinnt in der Folgezeit immer größere Bedeutung für die Geschichtspflege in Deutschland. Wegen der andersartigen Verfassungsentwicklung gibt es dazu in Frankreich oder England eine Entsprechung höchstens in Form der Regionalgeschichte[4]. Am ehesten sind die Verhältnisse in Italien damit zu vergleichen.

Für das neue historiographische Genus der Landeschronik stellten sich vor allem zwei grundsätzliche Probleme. Das eine betraf den Betrachtungsrahmen. Das mittelalterliche Geschichtsverständnis zielte vom Ansatz her stark auf die Universalgeschichte ab[5]. Deswegen war die bezeichnende Gattung der mittelalterlichen Historiographie das „Chronicon universale", das den Bogen spannte von der Schöpfung der Welt bis zum Jüngsten Gericht[6]. Selbst wo sie den Blick auf Einzelpersönlichkeiten wie Heilige, Bischöfe und Herrscher oder kleinere geographische Einheiten wie Länder, Städte und Klöster konzentrierte, wurden diese immer im Rahmen der Heilsgeschichte betrachtet und als Aus-

---

1 Karl Löwith, Weltgeschichte und Heilsgeschehen. Die theologischen Voraussetzungen der Geschichtsphilosophie, Stuttgart ⁶1973.
2 Adalbert Klempt, Die Säkularisierung der universalhistorischen Auffassung im 16. und 17. Jahrhundert. Zum Wandel des Geschichtsdenkens im 16. und 17. Jahrhundert, Göttingen 1960; Arno Seifert, Von der heiligen zur philosophischen Geschichte. Die Rationalisierung der universalhistorischen Erkenntnis im Zeitalter der Aufklärung, in: AKG 68 (1986), S. 81-117; ders., Der Rückzug der biblischen Prophetie von der Neueren Geschichte. Studien zur Geschichte der Reichstheologie des frühneuzeitlichen deutschen Protestantismus, Köln / Wien 1990.
3 Ottokar Lorenz, Deutschlands Geschichtsquellen im Mittelalter seit der Mitte des 13. Jahrhunderts, Berlin ³1886/87; Herbert Grundmann, Geschichtsschreibung im Mittelalter. Gattungen – Epochen – Eigenart, Göttingen ⁴1987; Hans Patze (Hg.), Geschichtsschreibung und Geschichtsbewusstsein im späten Mittelalter, Sigmaringen 1987; Franz-Josef Schmale, Funktion und Formen mittelalterlicher Geschichtsschreibung. Eine Einführung, Darmstadt ²1993. Wichtige regionale Darstellungen: Richard Feller u. Edgar Bonjour, Geschichtsschreibung der Schweiz, Basel 1962; Alphons Lhotsky, Österreichische Historiographie, München / Wien 1962; Hans Patze, Landesgeschichtsschreibung in Thüringen, in: Jahrbuch für die Geschichte Mittel- und Ostdeutschlands 16/17 (1968), S. 95-168.
4 Peter Claus Hartmann, Regionalgeschichte in Frankreich, in: ZBLG 40 (1977), S. 677-686.
5 Karl H. Krüger, Die Universalchroniken, Turnhout 1976.
6 Anna D. v. den Brincken, Studien zur lateinischen Weltchronistik bis in das Zeitalter Ottos von Freising, Düsseldorf 1957.

gangspunkt ins Transzendente führender Zusammenhänge aufgefasst. Diesem umfassenden Geschichtsverständnis war das neue Genus der Landeschronik diametral entgegengesetzt, indem sein Betrachtungsgegenstand regional eng begrenzt wurde. Sie stellte dem Historiographen nicht mehr den Weltenlauf als Ganzes, sondern die Geschichte eines einzigen Territoriums als Thema. Der Regensburger Archidiakon Eberhard weist auf das neue Programm voraus mit seiner Absicht, nur mehr das zu schildern, was sich „in patria nostra, scilicet Bawaria" ereignet habe und ereigne[7]. In einem grundlegenden Aufsatz hat Peter Johanek gezeigt, wie dieses Spannungsverhältnis durch die Übertragung des überkommenen universalgeschichtlichen Bezugsrahmens auf die neue begrenzte Thematik gelöst wurde.

Eine eng mit dem neuen Thema zusammenhängende zweite Schwierigkeit ergab sich aus dem religiös bestimmten Weltbild des Mittelalters. Im Wissenschaftsverständnis dieser Großepoche kam der „historia" nicht der Rang einer eigenständigen Disziplin zu, wie am nachdrücklichsten das System der „septem artes liberales" belegt. Die Geschichte wurde letztlich als Hilfsdisziplin der Theologie eingesetzt, die ihren Beitrag zur Verdeutlichung des Weltenlaufes zu leisten hatte. Sie sollte an konkreten Beispielen die beständige Wirksamkeit der Vorsehung und Allmacht Gottes zeigen. Geschichte wurde als Heilsgeschichte begriffen, deren Hauptaufgabe die Exemplifizierung der biblischen Aussagen war; im Mittelpunkt stand allein Gott[8].

Neben dieses unbestrittene Zentrum rückte nun aber die Aufwertung der Territorien immer mehr diese selbst als neuen Gegenstand der Geschichtsbetrachtung in den Vordergrund. Das Land und noch mehr die dieses Land regierenden Fürsten wurden die neuen Themen, die ein wachsendes Eigengewicht erhielten. Veit Arnpeck rühmte an seinem Bearbeitungsgegenstand Bayern ausdrücklich, dass er „ut rosa inter flores eminet"[9]. Diese allmähliche Verschiebung wirft die Frage auf: Hatte dieses zweite Grundproblem eine Neuausrichtung des Geschichtsverständnisses durch die Hinwendung zu den Territorien zur Folge? Hat es vielleicht sogar den Vorgang der Säkularisierung des Geschichtsdenkens, der üblicherweise allein mit der Rezeption des Renaissancehumanismus be-

---

7 Eberhardi archidiaconi Ratisponensis annales, hg. v. Philippus Jaffé, in: MGH SS XVII, Hannover 1861, S. 591-605, Zitat S. 592. Vgl. Peter Johanek, Weltchronistik und regionale Geschichtsschreibung im Spätmittelalter, in: Patze (Hg.), Geschichtsschreibung (wie Anm. 3), S. 287-330.
8 Walther Lammers (Hg.), Geschichtsdenken und Geschichtsbild im Mittelalter, Darmstadt 1965; Hans-Werner Goetz, Die „Geschichte" im Wissenschaftssystem des Mittelalters, in: Schmale, Mittelalterliche Geschichtsschreibung (wie Anm. 3), S. 165-213.
9 Veit Arnpeck, Sämtliche Chroniken, hg. v. Georg Leidinger, München 1915 (ND Aalen 1969), S. 3.

gründet wird[10], durch die Fixierung des Blickes auf den neuen Hauptakteur vorbereitet oder sogar beschleunigt und so zur Entchristlichung der Historie beigetragen, indem neben das bisher im Mittelpunkt stehende „saeculum divinum" nun eben ein „saeculum humanum" gestellt wurde, wie Hanno Helbling in einem grundlegenden Buch[11] formuliert hat? Diese These trägt jedenfalls die jüngste wichtige Veröffentlichung zum Thema im engeren Sinne, die Pariser Dissertation von Jean-Marie Moeglin, die eine sehr ausgeprägte politische Propaganda als das Hauptanliegen der bayerischen Landeschronistik des späten Mittelalters herausstellt und sie dementsprechend im Kern als nationale Historiographie etikettiert[12]. Damit wurde in Deutlichkeit eine Gegenposition zur herkömmlichen Betrachtung auch spätmittelalterlicher Historiographie unter religiösen Leitgedanken formuliert. Profane politische Pragmatik habe die frühere Heilsgeschichte nicht nur zurückgedrängt, sondern abgelöst. Das sei der entscheidende Beitrag der Landeshistoriographie zur Weiterentwicklung der Geschichte im Spätmittelalter gewesen.

Das Buch von Moeglin, dessen Grundgedanken der Autor durch eine Reihe von Aufsätzen weiter bekannt machte[13], hat breite Anerkennung gefunden. Diese Thesen seien im folgenden am Beispiel der bayerischen Landeschronistik, an der auch Moeglin seine Thesen entwickelte, überprüft[14]. Die Wahl gerade dieses Untersuchungsgegenstandes wird durch die besondere Intensität und den hohen Rang der Geschichtspflege in den Territorien besonders der bayerischen Wittelsbacher[15] nahegelegt, die nach bis in die Frühzeit der Wittelsba-

---

10 Paul Joachimsen, Geschichtsauffassung und Geschichtsschreibung in Deutschland unter dem Einfluss des Humanismus, Leipzig 1910 (ND Aalen 1968).
11 Hanno Helbling, Saeculum humanum. Ansätze zu einem Versuch über spätmittelalterliches Geschichtsdenken, Neapel 1958.
12 Jean-Marie Moeglin, Les ancêtres du prince. Propaganda politique et naissance d'une histoire nationale en Bavière au moyen age (1180-1500), Genf 1985.
13 Jean-Marie Moeglin, La formation d'une histoire nationale en Autriche au Moyen Age, in: Journal des Savants (1983), S. 169-218; ders., Die Genealogie der Wittelsbacher. Politische Propaganda und Entstehung der territorialen Geschichtsschreibung in Bayern im Mittelalter, in: MIÖG 96 (1988), S. 33-54; ders., L'utilisation de l'histoire comme instrument de legitimation. Une controverse historique entre Wittelsbach et Hohenzollern en 1459-1460, in: L'historiographie médiévale en Europe. Actes du colloque Paris 1989, hg. v. Jean-Philippe Genet, Paris 1991, S. 217-231; ders., Dynastisches Bewusstsein und Geschichtsschreibung. Zum Selbstverständnis der Wittelsbacher, Habsburger und Hohenzollern im Spätmittelalter, in: HZ 256 (1993), S. 593-635.
14 Siehe meine Rezension in: ZBLG 50 (1987), S. 221-223.
15 Harro Brack, Bayerisches Geschichtsverständnis im 15. Jahrhundert, in: Speculum historiale. Festschrift für Johannes Spörl, hg. v. Clemens Bauer u.a., München 1965, S. 334-345; Maren Gottschalk, Geschichtsschreibung im Umkreis Friedrichs I. des Siegreichen von der Pfalz und Albrechts IV. des Weisen von Bayern-München, München 1989.

cherherrschaft zurückreichenden Vorstufen[16] damals auf eine erste Blüte geführt wurde. Diese fand ihren Niederschlag in einer einzigartigen breiten Überlieferung, die neben Andreas von Regensburg[17], Hans Ebran von Wildenberg[18], Ulrich Füetrer[19] und Veit Arnpeck[20] als wichtigsten Vorläufern von Johannes Aventinus[21] eine lange Reihe nur in Altdrucken[22] zugänglicher und weiterhin ungedruckt gebliebener[23] Landeschroniken hervorgebracht hat. Dem 15. Jahrhundert muss das erste Kapitel der noch zu schreibenden Geschichte der bayerischen Landeshistoriographie[24] gewidmet werden. Dieses wird vornehmlich herauszustellen haben, dass die neue territoriale Ausrichtung mit Sicherheit zwei Änderungen in formaler Hinsicht bewirkt hat. Die eine betrifft die Tendenz zur Volkssprache, die sich verschiedentlich auch in der Zweisprachigkeit äußerte[25]. Mehrere Historiographen von Andreas von Regensburg bis zu Johannes Aventi-

---

16 Eberhardi archidiaconi Ratisponensis annales (wie Anm. 7), S. 591-596; Chounradi Schirensis Chronicon, hg. v. Philippus Jaffé, ebda. S. 613-623; Hermanni Altahensis opera, hg. v. Philippus Jaffé, ebda. S. 369-408.
17 Andreas von Regensburg, Sämtliche Werke, hg. v. Georg Leidinger, München 1903 (ND Aalen 1969).
18 Hans Ebran von Wildenberg, Chronik von den Fürsten aus Bayern, hg. v. Friedrich Roth, München 1905 (ND Aalen 1969). Vgl. Benno Hubensteiner, Hans Ebran von Wildenberg, in: ders., Biographenwege. Lebensbilder aus dem alten Bayern, München 1984, S. 15-28.
19 Ulrich Füetrer, Bayerische Chronik, hg. v. Reinhold Spiller, München 1909 (ND Aalen 1969).
20 Veit Arnpeck, Sämtliche Chroniken (wie Anm. 9).
21 Johannes Turmair's gen. Aventinus Sämmtliche Werke, hg. v. der K. Bayerischen Akademie der Wissenschaften, 6 Bände, München 1881-1908.
22 Johannes Trithemius, Chronicon successionis ducum Bavariae et comitum Palatinorum, in: Johannis Trithemii opera historica omnia, hg. v. Marquard Freher, Frankfurt a.M. 1601 (ND Frankfurt a.M. 1966), S. 100-120; Udalricus Onsorg, Chronicon Bavariae, in: Andreas Felix Oefele, Rerum Boicarum Scriptores I, Augsburg 1763, S. 354-369; Veit von Ebersberg, Chronica Bavarorum, ebda. II, S. 704-739. Bei Oefele finden sich noch weitere kleinere Chroniken.
23 Z.B. Augustin Koelner, Verzaichnus der khönigen, kaiser, fürsten unnd hertzogen von Bayren, Bayerische Staatsbibliothek München, cgm 1592; Leo Taych, Chronica, ebda. cgm 393; Georg Hauer, Chronicon Bavariae, ebda. clm 1214. Vgl. Ludwig Rockinger, Ueber ältere Arbeiten zur baierischen und pfälzischen Geschichte im geheimen Haus- und Staatsarchive, Abhandlungen der Bayerischen Akademie der Wissenschaften Phil.-Hist. Klasse XIV, München 1879, S. 27-113; XV/1, München 1880, S. 161-296; XV/3, München 1880, S. 99-234.
24 Ein instruktiver Überblick: Friedrich Roth, Die Hauptwerke über bayerische Landesgeschichte vom Zeitalter des Humanismus und der Reformation bis zur Gegenwart, in: Bayerische Zeitschrift für Realschulwesen NF 6 (1898), S. 16-25, S. 161-185; 7 (1899), S. 17-33, S. 83-98, S. 251-271; 8 (1900), S. 275-286.
25 Rolf Sprandel (Hg.), Zweisprachige Geschichtsschreibung im spätmittelalterlichen Deutschland, Wiesbaden 1993. Weiterhin: Ingo Reiffenstein, Deutsch und Latein im Spätmittelalter. Zur Übersetzungstheorie des 14. und 15. Jahrhunderts, in: Werner Besch (Hg.), Festschrift für Siegfried Grosse zum 60. Geburtstag, Göppingen 1984, S. 195-208; Dieter Rödel, Veit Arnpeck. Publikumsorientierte Darstellungsweise in zweisprachigen Chroniken, in: Horst Brunner u. Norbert Richard Wolf (Hg.), Wissensliteratur im Mittelalter und in der Frühen Neuzeit. Bedingungen, Typen, Publikum, Sprache, Wiesbaden 1993, S. 252-256.

nus haben ihre Chroniken sowohl in lateinischer Sprache für die gelehrte Welt als auch in deutscher Sprache für breitere Rezipientengruppen vorgelegt. Die zweite Neuerung betrifft die Ergänzung der literarischen Darstellung durch bildliche Ausdrucksmittel. Die Bildchronik, die zumeist Porträts oder bezeichnende Stationen aus dem Leben der Herzöge bietet, stellt ein noch kaum gewürdigtes, in vielen Ausformungen fassbares neues literarisches Genus dar[26]. Aus diesen Beobachtungen zur Form erwächst die Frage, ob die neue landesgeschichtliche Perspektive auch zu inhaltlichen Neuerungen geführt hat, vor allem bezüglich der Profanierung des Geschichtsdenkens. Diesem Problem sei im folgenden anhand der Analyse ausgewählter Abschnitte nachgegangen. Weil die frühen Landeschronisten, Aventin eingeschlossen, keine Theoretiker der Geschichtsschreibung, sondern Praktiker waren, ist kein anderer Weg zur Klärung des vorgestellten Grundproblems gangbar.

1   Die Stammessage

Am Beginn der bayerischen Geschichte steht eines ihrer großen Rätsel: die Frage der Herkunft der Bajuwaren[27]. Mit ihr hatten sich erstmals die frühen Landeshistoriographen auseinander zu setzen. Sie konnten bei der Behandlung der Anfänge des Bayernstammes bereits auf ein altes Erklärungsmodell zurückgreifen. Es war seit dem späteren 11. Jahrhundert in einem vielstufigen Entwicklungsprozeß ausgebildet worden, ohne dass sich eine gestaltende Hand abzeichnete. Am Beginn der bayerischen Stammessage steht ihre literarische Fixierung im Annolied. Hier werden die vier Hauptstämme der Deutschen in ihre Frühzeit zurückverfolgt. Ihre Anfänge werden in Ausformung der zeitüblichen Abstammungsfabeln auf eine Einwanderung zurückgeführt, wobei in bezug auf die Herkunft sehr unterschiedliche Antworten gegeben werden[28]. Die Franken wer-

---

26 Zahlreiche Gattungsmuster in der Bayerischen Staatsbibliothek München: z.B. cgm 1600, 1602, 1603, 1604, 1605. Vgl. Poesis et Pictura. Studien zum Verhältnis von Text und Bild in Handschriften und alten Drucken. Festschrift für Dieter Wuttke, hg. v. Stephan Füssel u. Joachim Knape, Baden-Baden 1989.

27 Zum Forschungsstand: Kurt Reindel, Die Herkunft der Bayern, in: Max Spindler (Hg.), Handbuch der bayerischen Geschichte I, München ²1981, S. 101-116; ders., Die Bajuwaren. Quellen – Hypothesen – Tatsachen, in: DA 37 (1981), S. 451-473; ders., Herkunft und Stammesbildung der Bajuwaren nach den schriftlichen Quellen, in: Hermann Dannheimer u. Heinz Dopsch (Hg.), Die Bajuwaren. Von Severin bis Tassilo 488-478, Salzburg 1988, S. 56-60.

28 Das Annolied, hg. v. Max Roediger, in: MGH Deutsche Chroniken I/2, Hannover 1895 (ND Hannover 1984), S. 63-145. Vgl. Gertrud Gigglberger, Untersuchungen über das Annolied, Diss. phil. masch. Würzburg 1954; Doris Knab, Das Annolied. Probleme seiner literarischen Einordnung, Tübingen 1962; Heinz Thomas, Bemerkungen zu Datierung, Gestalt und Gehalt des Annoliedes, in: Zeitschrift für deutsche Philologie 96 (1977), S. 24-61.

den von den Trojanern, die Sachsen von Soldaten aus dem Heer Alexanders des Großen, die Schwaben von Leuten aus Übersee und die Bayern von den Armeniern abgeleitet. Bezüglich der Bajuwaren führt das Annolied aus:

„dere geslehte dare quam wîlin ere
von Armenie der hêrin,
dâ Nôê ûz der arkin gîng,
dur diz olizuî von der tûvin intfieng.
iri ceichin noch du archa hât
ûf den bergin Ararât.
man sagit, daz dâr in halvin noch sîn,
die dir Diutischin sprechin,
ingegin India vili verro".[29]

Dieser im Annolied erstmals greifbare Kern der bayerischen Stammessage wird in der Folgezeit weiter ausgebaut. Die wichtigsten Ausformulierungen erhielt sie in der Vita Sancti Altmanni[30], der Kaiserchronik[31], der Tegernseer Vita Sancti Quirini[32], bei Hermann von Niederaltaich[33], Albert Behaim[34] und in der österreichischen Annalistik[35], wo im einzelnen unterschiedliche weiterführende Motive geboten werden[36]. Gemeinsam ist den Variationen des gleichen Stoffes der Kern, dass der Stamm der Bajuwaren aus Armenien kommend im Alpenvorland eingewandert sei, während zugleich andere Splitter in Indien ansässig ge-

---

29 Das Annolied (wie Anm. 28), S. 121f., v. 295-320.
30 Vita Altmanni episcopi Pataviensis, hg. v. Wilhelm Wattenbach, in: MGH SS XII, Hannover 1856, S. 237, c. 26-28. Vgl. Christine Fleck, Die Vita Altmanni episcopi Pataviensis, Diss. phil. masch. Wien 1978.
31 Deutsche Kaiserchronik, hg. v. Edward Schröder, in: MGH Deutsche Chroniken I/1, Hannover 1892 (ND Hannover 1984), S. 202-212, v. 6622-7135.
32 Johann Weissensteiner, Tegernsee, die Bayern und Österreich. Studien zu Tegernseer Geschichtsquellen und der bayerischen Stammessage. Mit einer Edition der Passio secunda s. Quirini, Wien 1983, S. 161-215, S. 256-259.
33 Hermanni Altahensis opera (wie Anm. 16), S. 360-365.
34 Georg Leidinger, Untersuchungen zur Passauer Geschichtsschreibung des Mittelalters, in: Sitzungsberichte der Bayerischen Akademie der Wissenschaften, Philos.-Philol.-Hist. Klasse 1915, 9. Abhandlung, S. 72-76; Paul Uiblein, Studien zur Passauer Geschichtsschreibung des Mittelalters, in: Archiv für österreichische Geschichte 121 (1956), S. 44-46.
35 Annales Admuntenses, hg. v. Wilhelm Wattenbach, in: MGH SS IX, Hannover 1851, S. 570f.; Auctarium Garstense, hg. v. Wattenbach, ebda., S. 562f.; Annales s. Rudberti Salisburgenses, hg. v. Wattenbach, ebda., S. 760-766. Zur Quellengruppe: Franz-Josef Schmale, Die österreichische Annalistik im 12. Jahrhundert, in: DA 31 (1975), S. 144-203.
36 Michael Müller, Die bayerische „Stammessage" in der Geschichtsschreibung des Mittelalters. Eine Untersuchung zur mittelalterlichen Frühgeschichtsforschung in Bayern, in: ZBLG 40 (1977), S. 341-371.Vgl. ders., Die Annalen und Chroniken im Herzogtum Bayern 1250-1314, München 1983.

worden seien. Ihren Zug ins Alpenvorland hätten sie unter der Anführung verschiedener sagenhafter Könige durchgeführt, unter denen Norix eine besondere Rolle zugekommen sei, dem Sohn des Herkules. Vereinzelt wurde dieser Stammvater dann aber auch als unmittelbarer Abkömmling Noahs bezeichnet. Im Jahre 508 habe sich dieser Stamm dann unter der Führung Herzog Theodos endgültig im Raum zwischen Alpen und Donau niedergelassen, nachdem er bereits früher einmal kurzfristig hier ansässig gewesen war. Er habe seine früheren Bezwinger, die Römer, schließlich im Jahre 512 in einer Entscheidungsschlacht bei Ötting besiegt und endgültig aus dem Lande getrieben[37].

Diese Stammessage wird von den Landeschronisten des 15. Jahrhunderts aufgegriffen und an den Anfang ihrer Chroniken gestellt, wobei im einzelnen geringfügige motivliche Unterschiede zu beobachten sind. Das gilt von Andreas von Regensburg[38] über Hans Ebran von Wildenberg[39] und Ulrich Füetrer[40] sowie Veit Arnpeck[41] bis hin zu Aventin[42]. Die verschiedenen Variationen hat Michael Müller herausgearbeitet[43]. Auf die stofflichen Einzelheiten kommt es in diesem Zusammenhang nicht primär an; wichtiger ist der funktionale Einsatz des Erzählbausteines. Durch die Stammessage erhielt die Geschichte der Bajuwaren ihre zeitliche Verlängerung aus der historischen Zeit in die Vorgeschichte hinein, für die andere Quellen nicht mehr zur Verfügung standen. Die Chronisten benützten also die Stammessage als Versatzstück, welches die bajuwarische Frühzeit mit der römischen Geschichte sowie der antiken Mythologie verknüpfte[44]. Der gleiche Vorgang ist bei den anderen frühdeutschen Stämmen zu beobachten. Doch ging man in Bayern einen Schritt weiter und stellte darüber hinaus einen unmittelbaren Bezug zur Bibel her. Dieser wurde zum einen räumlich verwirklicht durch das Ausgangsland Armenien, wo am Berg Ararat die Arche

---

37 Vgl. in größerem Rahmen: Friedrich Gotthelf, Das deutsche Altertum in den Anschauungen des 16. und 17. Jahrhunderts, Berlin 1900; Anneliese Grau, Der Gedanke der Herkunft in der deutschen Geschichtsschreibung des Mittelalters, Würzburg 1938; František Graus, Lebendige Vergangenheit. Überlieferung im Mittelalter und in den Vorstellungen vom Mittelalter, Köln / Wien 1975, S. 109f.; Frank L. Borchardt, German Antiquity in Renaissance Myth, Baltimore / London 1971; Herwig Wolfram, Le genre de l'origo gentis, in: Belgisch tijdschrift voor filologie en geschiedenis – Revue Belge de philologie et d'histoire 68 (1990), S. 789-801.
38 Andreas von Regensburg, Sämtliche Werke (wie Anm. 17), S. 507-509, 592-594.
39 Hans Ebran von Wildenberg, Chronik (wie Anm. 18), S. 33-40.
40 Ulrich Füetrer, Bayerische Chronik (wie Anm. 19), S. 5-22.
41 Veit Arnpeck, Sämtliche Chroniken (wie Anm. 9), S. 18-41.
42 Aventin, Sämmtliche Werke I (wie Anm. 21), S. 102f.; II, S. 34-326; IV.
43 Müller, Stammessage (wie Anm. 36), S. 342-356; Weissensteiner, Passio secunda s. Quirini (wie Anm. 32), S. 162-197.
44 Müller, Stammessage (wie Anm. 36), S. 367. Weiterhin: Wilhelm Störmer, Beobachtungen zu Aussagen und Intentionen der bayerischen Stammes-„Sage" des 11./12. Jahrhunderts, in: Fälschungen im Mittelalter I, hg. v. Horst Fuhrmann, Stuttgart 1988, S. 451-470.

Noahs gestrandet sei[45]. Von dort aus hätten sich die Überlebenden der Sintflut über die gesamte Welt verteilt; der Stamm der Bajuwaren sei also unmittelbar aus Überlebenden der Sintflut hervorgegangen. Auf diesem Wege wurde die Frühzeit der Bayern mit den in der Bibel vorgestellten Anfängen der Menschheit in Zusammenhang gebracht. Diese räumliche Verbindung wurde durch die Reihe der Stammesführer vertieft, die unmittelbar mit Noah verknüpft wurden. Die Namen und Zusammengehörigkeiten werden im einzelnen unterschiedlich angegeben, nehmen aber in allen Fällen Bezug auf den endgültigen Siedlungsraum Deutschland, Bayern oder Noricum, weil man von der geographischen Aussagekraft der Namen Tuisco, Boiger, Bavarus oder Norix überzeugt war.

Als einziger bayerischer Landeschronist des 15. Jahrhunderts äußerte Veit Arnpeck Zweifel an den Angaben der Stammessage[46]. In Anlehnung an Enea Silvio Piccolomini[47] brachte er die keltische Abstammung der Bayern von den Boiern ins Gespräch. Damit stellte er neben den zeitüblichen Wandermythos eine neue Autochthonen- und Indigenatstheorie. Die Abwägung beider Erklärungsmodelle gegeneinander bereitete ihm jedoch Schwierigkeiten, weil er die ungenügende Quellenlage erkannte. Letztlich konnte sich auch Arnpeck nicht für Enea Silvio entscheiden. In der deutschen Fassung seiner Chronik bringt er dann doch wieder betont die biblische Version mit dem Einwanderungsmythos[48].

Die bayerische Überlieferung ist im Kontext der Stammessagen der übrigen deutschen Kernstämme zu sehen, die im Annolied in gleicher Weise angesprochen werden[49]. Das Annolied sammelte die Abstammungsfabeln[50]. Denn die Ableitung der Franken von den Trojanern ist bereits seit dem frühen Mittelalter bei Fredegar[51] und Paulus Diaconus[52] fassbar. Von der Abstammung der Sachsen von Soldaten aus dem Heer Alexanders des Großen berichtete bereits

---

45 Georg R. Spohn, Armenien und Herzog Naimes. Zur bayerischen Stammessage im Mittelalter und bei Peter Harer, in: ZBLG 34 (1971), S. 185-210.
46 Veit Arnpeck, Sämtliche Chroniken (wie Anm. 9), S. 24f.: „Quid autem in his veritatis sit, puto, quod nemo sciat, quia forte tunc temporis homines huius terre rudes et agrestes erant et nemo litteris posteris commendavit."
47 Enea Silvio Piccolomini, Europa, Venedig 1556, S. 408-412, cap. 40. Vgl. Veit Arnpeck, Sämtliche Chroniken (wie Anm. 9), S. LII-LIV.
48 Ebda., S. 447-449.
49 Das Annolied (wie Anm. 28), S. 121-124.
50 Grau, Der Gedanke der Herkunft (wie Anm. 37), S. 17-19.
51 Fredegari et aliorum chronica, hg. v. Bruno Krusch, in: MGH SS rer. Merov. II, Hannover 1888, S. 93, c. 2. Vgl. auch Jean-Pierre Bodmer, Die französische Historiographie des Spätmittelalters und die Franken. Ein Beitrag zur Kenntnis des französischen Geschichtsdenkens, in: AKG 45 (1963), S. 91-118; ders., Chroniken und Chronisten im Spätmittelalter, Bern 1976.
52 Pauli Historia Langobardorum, hg. v. Georg Waitz, (MGH SrG 48), Hannover 1878 (ND Hannover 1987), S. 221f., c. 23.

Widukind von Korvey⁵³. Diese Stämme knüpften also an das Altertum an, einmal an die Geschichte der Römer, im anderen Fall an die Griechen. Die Stammessagen der Bayern und der Schwaben scheinen jünger zu sein, sofern die Überlieferungslage ein zutreffendes Bild vermittelt. Die bayerische Stammessage versuchte offensichtlich die älteren Abstammungsfabeln zu übertrumpfen, indem sie einen direkten Bezug zur biblischen Geschichte herstellte. Eine biblische Tradition wurde im Spätmittelalter noch immer als angesehener eingestuft als ein antiker Anknüpfungspunkt. Die Konkurrenzsituation wird in Deutlichkeit bei einem Historiographen aus der pfälzischen Linie der Wittelsbacher angesprochen. Matthias von Kemnat stellte ausdrücklich fest, dass die Bayern „vast lang vor cristi geburt, auch vor der ersten erstorung troya" anzutreffen seien⁵⁴. Diese Aussage war unmittelbar gegen die Franken gerichtet, wo man mit den legendären Historiographen Hunibald und Meginfried sogar literarische Vorlagen erfand, um die behauptete antike Abkunft möglichst unangreifbar abzusichern⁵⁵.

Die von allen Kernstämmen im Reich ausgebildeten Stammessagen sind ein spezifisch deutsches literarisches Phänomen, das in den umliegenden Staaten keine Entsprechung findet. Sie wurden gezielt zur Überhöhung der Stammesgeschichte eingesetzt. Diese historiographische Praxis stellte damit die entstehenden Territorien gleichrangig neben das Reich, für das derartige Muster der literarischen Verherrlichung in Form der auch den Landeshistoriographen gut bekannten Translationstheorie üblich waren⁵⁶. Die Abstammungsfabeln haben für die entstehenden Territorien die gleiche Funktion wie die Vier-Weltreiche- und Translationslehre für das Reich⁵⁷. Sie stellten einen unmittelbaren Bezug zwischen dem in der Bibel überlieferten Schöpfungsakt und der Stammesgeschichte her. Die Stammesgeschichte wurde mit ihrer Hilfe in die Heilsgeschichte eingebunden. Und dieser Bezug blieb über das Mittelalter hinaus noch für die Historiographie des Humanismus uneingeschränkt gültig⁵⁸.

---

53 Die Sachsengeschichte des Widukind von Korvey, hg. v. Paul Hirsch u. Hans-Eberhard Lohmann, (MGH SrG 60), Hannover 1935 (ND Hannover 1989), S. 4f., c. 2.
54 Birgit Studt, Fürstenhof und Geschichte. Legitimation durch Überlieferung, Köln / Weimar / Wien 1992, S. 386f.
55 Klaus Arnold, Johannes Trithemius (1462-1516), Würzburg ²1991, S. 167-179.
56 Werner Goez, Translatio Imperii. Ein Beitrag zur Geschichte des Geschichtsdenkens und der politischen Theorien im Mittelalter und in der frühen Neuzeit, Tübingen 1958. Andreas von Regensburg kannte besonders gut Konrads von Megenberg Traktat *De translacione Romani imperii*. Vgl. Andreas von Regensburg, Sämtliche Werke (wie Anm. 17), S. LIVf. (mit dem Hinweis auf den wichtigen Eichstätter Codex Nr. 698), S. 8, 30, 441.
57 Eberhard Nellmann, Die Reichsidee in deutschen Dichtungen der Salier- und frühen Stauferzeit, Berlin 1963, S. 57-68.
58 Müller, Stammessage (wie Anm. 36), S. 367f.

2 Die Personenzeichnung

Die herkömmlichen theologisch begründeten Betrachtungskategorien mussten notwendigerweise auch bei der weiteren Durchgestaltung der Landeschroniken zum Tragen kommen. Sie bestimmten fernerhin die Personenzeichnung. Die Landeshistoriographen mussten im besonderen bei den Herrschergestalten in Schwierigkeiten kommen, deren Wirken sie in das Spannungsfeld von Territorium und Kirche führte: Bezogen die Historiographen hier den Standpunkt der Kirche oder des sich immer mehr an eigenen Interessen ausrichtenden Territoriums?

Eine erste in dieser Hinsicht ergiebige Person ist der letzte Agilolfingerherzog *Tassilo III.*, den Karl der Große 788 abgesetzt und damit das ältere Stammesherzogtum in Bayern beseitigt hat[59]. Unter landesgeschichtlicher Perspektive hätten die Sympathien der Chronisten eigentlich dem Herzog gehören müssen, der von einem überlegenen Herrscher unter Einsatz von militärischen Machtmitteln aus seinem Amt gedrängt wurde. Das aber ist nicht der Fall. In der Auseinandersetzung zwischen Karl dem Großen und Tassilo III. treten die Chronisten durchwegs auf die Seite des Frankenkönigs; an der Berechtigung seines Vorgehens wird nicht gezweifelt[60]. Voraussetzung dafür waren seine Verdienste als Vorkämpfer der Christenheit gegen das Heidentum, die ihn zum „rex christianissimus" aufsteigen ließen[61]. Karl der Große, der 1156 sogar heiliggesprochen wurde, erscheint dementsprechend auch in der frühen bayerischen Landeshistoriographie als christlicher Idealkönig, gegen den sich der Agilolfinger ganz im Sinne der augustinischen Zweistaatenlehre allein aus uneinsichtiger „superbia" erhoben habe[62]. Als weiterer Beweggrund wird seine verführerische Frau Liutpirc ins Feld geführt[63]. Quellen dafür sind vor allem Ekkehard von Au-

---

59 Zum Tassilobild der Folgezeit: Andreas Kraus, Tassilo und Karl der Große in der bayerischen Geschichtsschreibung des 17. Jahrhunderts, in: Festschrift für Max Spindler zum 75. Geburtstag, hg. v. Dieter Albrecht u.a., München 1969, S. 451-471; wieder in: ders., Bayerische Geschichtswissenschaft in drei Jahrhunderten. Gesammelte Aufsätze, München 1979, S. 34-53.
60 Andreas von Regensburg, Sämtliche Werke (wie Anm. 17), S. 25-27, 517-519, 606-610 (vgl. S. XXXXIV-XXXXIX); Hans Ebran von Wildenberg, Chronik (wie Anm. 18), S. 54-56; Ulrich Füetrer, Bayerische Chronik (wie Anm. 19), S. 106-108; Veit Arnpeck, Sämtliche Werke (wie Anm. 9), S. 80f., 87f., 91-97, 465-472.
61 Paul Lehmann, Das literarische Bild Karls des Großen vornehmlich im lateinischen Schrifttum des Mittelalters, in: ders., Erforschung des Mittelalters I, Stuttgart 1941 (ND 1959), S. 154-207; Gerhard Lohse, Das Nachleben Karls des Großen in der deutschen Literatur des Mittelalters, in: Karl der Große IV: Das Nachleben, hg. v. Wolfgang Braunfels u. Percy Ernst Schramm, Düsseldorf 1967, S. 337-347; Karl-Ernst Geith, Carolus Magnus. Studien zur Darstellung Karls des Großen in der deutschen Literatur des 12. und 13. Jahrhunderts, Bern 1977.
62 Andreas von Regensburg, Sämtliche Chroniken (wie Anm. 17), S. 27: „cum nollet obedire".
63 Ebda., S. 26f., 517f.

ra[64] und die Regensburger Schottenlegende[65]. Um das Dilemma, in das man sich durch diese Ausdeutung begab, zu mindern, griff man bereitwillig auf die Sage von der angeblichen Geburt des Karolingers in der Reismühle bei Gauting zurück. Damit wurde aus dem fränkischen Karolinger ein im Grunde einheimischer Regent gemacht, an den schließlich das regierende Geschlecht der Wittelsbacher unmittelbar angeschlossen werden konnte. Denn die Abstammung der regierenden Dynastie von Karl dem Großen ist seit dem späten 14. Jahrhundert eine der Grundkonstanten des bayerischen Geschichtsbildes[66]. Eine Erhebung gegen diesen Stammvater und Idealherrscher konnte nur als Unrecht gedeutet werden. Die seit Jahrhunderten feststehenden Züge des Karlsbildes waren also die entscheidende Prämisse des Tassilobildes.

Im übrigen aber beließ man dem Herzog die festgestellten positiven Züge. Außer dem Ungehorsam gegenüber dem Idealkaiser hatten die Historiker an Tassilo III. nichts auszusetzen. Im übrigen wissen sie über den Herzog durchaus auch Positives zu berichten. Das gilt besonders für seine zahlreichen Klostergründungen. Vor allem wurde Tassilo III. zugute gehalten, dass er nach der Entmachtung durch den Frankenkönig sein Leben vorbildlich als Mönch beschlossen habe. Der Schlussvers, mit dem Andreas von Regensburg seine Schilderung der Geschichte Tassilos III. zusammenfasst, verweist in einem eindrucksvollen Spannungsbogen auf eine regelrechte Konversion: „Thessalo dux primum, postea rex, sed monachus ad imum"[67]. Nur auf der politischen Bühne hatte der Agilolfinger versagt, nicht dagegen als Mensch insgesamt. Diese Lehre sollte der Leser aus dem Ende des abgesetzten Herzogs entnehmen: Gott belohnte ihn, indem er ihn von einem Engel über die Altäre der Klosterkirche zu Lorsch geleiten ließ.

Eine nächste für die Frage nach der Heilsgeschichte bezeichnende Figur der bayerischen Geschichte war der Luitpoldingerherzog *Arnulf* (907-937). Er war wegen der zum Aufbau eines zur Ungarnabwehr benötigten Heeres durchgeführten Säkularisierungsmaßnahmen erst lange nach seinem Tod in die Kritik

---

64 Ekkehardi Urauigiensis chronicon universale, hg. v. Georg Waitz, in: MGH SS VI, Hannover 1844, S. 167.
65 Die Gesta Caroli Magni der Regensburger Schottenlegende, hg. v. Anton Dürrwächter, Bonn 1897; Padraig A. Breatnach, Die Regensburger Schottenlegende. Libellus de fundacione ecclesie consecrati Petri. Untersuchung und Textausgabe, München 1977.
66 Johann Christoph von Aretin, Aelteste Sage über die Geburt und Jugend Karls des Großen, München 1803; Moeglin, Les ancêtres du prince (wie Anm. 12), S. 139-229. Zum Problem allgemein: Gert Melville, Vorfahren und Vorgänger. Spätmittelalterliche Genealogien als dynastische Legitimation zur Herrschaft, in: Peter J. Schuler (Hg.), Die Familie als sozialer und historischer Verband. Untersuchungen zum Spätmittelalter und zur frühen Neuzeit, Sigmaringen 1987, S. 203-309.
67 Andreas von Regensburg, Sämtliche Chroniken (wie Anm. 17), S. 28.

der Historiographie der Reformepoche geraten[68]. Vor allem Otto von Freising hatte ihn dann aus diesen Gründen mit dem scharfen Verdikt „tyrannus" belegt und erstmals vom „Arnolfus malus" gesprochen[69]. Dieses Attribut behielt in der Folgezeit seine uneingeschränkte Gültigkeit[70]. Auch die frühe Landeshistoriographie hielt an diesem erstarrten Bild fest. Sie baute vor allem auf Otto von Freising auf, dessen Schilderung freilich durch sagenhafte Elemente dann immer mehr ausgestaltet wurde, um den Herzog zum abschreckenden Beispiel hochzustilisieren, das zeigen sollte, welch schlimmes Schicksal Kirchenräuber erwartet. In dieser Absicht wurde vor allem der Tod mit vielfältigen Sagenelementen ausgestattet[71]. Im Falle Arnulfs baute also die frühe Landeshistoriographie in Fortführung der heilsgeschichtlichen Zielsetzungen das Bild des Mittelalters planvoll aus. Sie machte aus „Arnolfus malus" den „Arnolfus pejor diabolo" [72]: die Personifizierung des abschreckenden „tyrannus". Niemand kam auf den Gedanken, die Säkularisationen mit der erfolgreichen Ungarnabwehr zu rechtfertigen. Ausgangspunkt aller Verdammungsurteile war die Kirchengegnerschaft des Herzogs.

An dieser Sicht hielt auch der junge Aventin noch fest[73]. Erst in seinen Spätwerken entschloss er sich zur Revision dieses Geschichtsbildes. Er selber begründete sein Abrücken von der festgefügten Tradition mit dem Abrücken von den bisher hier wirksamen theologischen Betrachtungskategorien und der Aufwertung der territorialen Ansatzpunkte, die er aber in diesem Fall durch die Neugewichtung der Quellenüberlieferung auch methodisch vorzüglich absichern konnte[74]. Der in den Wirkungskreis der Reformation gezogene Aventin brach in diesem Fall mit einem festgefügten Geschichtsbild und bemühte sich mit Nachdruck um neue Bewertungsmaßstäbe[75]. Für die Landeschronistik des 15. Jahrhunderts aber war Arnulf unbestritten das abschreckende Beispiel eines Kir-

---

68 Alois Schmid, Das Bild des Bayernherzogs Arnulf (907-937) in der deutschen Geschichtsschreibung von seinen Zeitgenossen bis zu Wilhelm von Giesebrecht, Kallmünz 1976.
69 Otto von Freising, Chronica sive Historia de duabus civitatibus, hg. v. Adolf Hofmeister, (MGH SrG 45), Hannover ²1912, S. 29, 276-279. Vgl. Schmid, Bayernherzog Arnulf (wie Anm. 68), S. 50-54. Zur Wirkungsgeschichte Ottos von Freising: Brigitte Schürmann, Die Rezeption der Werke Ottos von Freising im 15. und frühen 16. Jahrhundert, Wiesbaden / Stuttgart 1986.
70 Schmid, Bayernherzog Arnulf (wie Anm. 68), S. 54-66.
71 Andreas von Regensburg, Sämtliche Werke (wie Anm. 17), S. 525f., 614-616; Hans Ebran von Wildenberg, Chronik (wie Anm. 18), S. 73-80; Ulrich Füetrer, Bayerische Chronik (wie Anm. 19), S. 127-140; Veit Arnpeck, Sämtliche Chroniken (wie Anm. 9), S. 113-122, 478-480. Vgl. Schmid, Bayernherzog Arnulf (wie Anm. 68), S. 125f.
72 Veit Arnpeck, Sämtliche Chroniken (wie Anm. 9), S. 119-121: „maledictus dux"; S. 190: „tirannus et impius destructor monasteriorum"; S. 195: „tirannus".
73 Aventin, Sämmtliche Werke I (wie Anm. 21), S. 3-6.
74 Ebda. II (wie Anm. 21), S. 658-671; V, S. 259-264.
75 Schmid, Bayernherzog Arnulf (wie Anm. 68), S. 83-128.

chenschänders, den als verdiente Gottesstrafe ein sehr schlimmer Tod erwartete. Ausdrücklich stellt Veit Arnpeck dieses Ende als Erfüllung der prophetischen Warnung eines Heiligen hin[76]. Arnulf erfuhr also eine andere Behandlung als sein Vorgänger Tassilo III. Der Grund dafür war das unterschiedliche Verhältnis der beiden Herzöge zur Kirche. Gemeinsam ist beiden Beispielen der Einsatz der historischen Figuren als religiöser „exempla": Tassilo in positivem, Arnulf dagegen im negativen Sinne.

Ein drittes aussagekräftiges Beispiel liefert die Behandlung des Investiturstreites. Nachdem die Zeitgenossen in der Auseinandersetzung zwischen Kaiser *Heinrich IV.* und Papst Gregor VII. durchaus unterschiedliche Positionen bezogen hatten, setzten sich in der Folgezeit immer mehr die Verteidiger der kirchlichen Partei durch, die ein deutliches Verdikt über den Salier verhängten, das breite Anerkennung fand. Das schließliche Scheitern Heinrichs IV. wurde als unumgängliche Notwendigkeit gedeutet und ebenfalls als warnendes Beispiel für das schlimme Schicksal hingestellt, das Kirchengegner erwarte[77]. Am schärfsten urteilte der Florentiner Giovanni Villani, der den Kaiser als einen Wüterich und Bösewicht hinstellte[78]. Als Hauptgrund dafür gibt Johannes Nauclerus an, dass der Kaiser die heilige Kirche Gottes verfolgt habe: „malorum ductus consilio fuerit sanctae Romanae ecclesiae persecutor"[79]. Diese Vorgänge mussten natürlich auch von der Landeschronistik des 15. Jahrhunderts dargestellt werden, zumal der Salier als Herzog Heinrich mit dem behandelten Herzogtum in unmittelbarer Verbindung stand. Trotzdem hat sie das überkommene Verdikt uneingeschränkt beibehalten und mit keinem Wort daran Zweifel angemeldet[80]. Für sie war Gregor VII. unbestritten der „rechte babst"[81], Heinrich IV. dagegen ein Übeltäter, der „ain grosse irrung in der cristenhait" verursachte[82]. Dafür habe er aber mit dem Verlust des Kaisertums an seinen Sohn noch zu Lebzeiten hart büßen müssen: „filius eius rex Romanorum per divinam, ut videtur, ulcionem patrem bello persecutus fuerat" heißt es bei Arnpeck[83]. Im glei-

---

76 Veit Arnpeck, Sämtliche Chroniken (wie Anm. 9), S. 119f., 479f.
77 Erica Schirmer, Die Persönlichkeit Kaiser Heinrichs IV. im Urteil der deutschen Geschichtsschreibung. Vom Humanismus bis zur Mitte des 18. Jahrhunderts, Jena 1931.
78 Giovanni Villani, Cronica, hg. v. Francesco G. Dragomanni I, Florenz 1844, S. 169: „Il detto imperadore Arrigo fu molto savio e malizioso."
79 Johannes Nauclerus, Chronica II, Köln 1614, S. 771-778. Vgl. Schirmer, Kaiser Heinrich IV. (wie Anm. 77), S. 19-22.
80 Andreas von Regensburg, Sämtliche Werke (wie Anm. 17), S. 50f., 532-534; Veit Arnpeck, Sämtliche Chroniken (wie Anm. 9), S. 157-160, 493-495.
81 Ebda., S. 493.
82 Ebda., S. 493. Entsprechend: Hans Ebran von Wildenberg, Chronik (wie Anm. 18), S. 99: „in grossen krieg und unrue"; Ulrich Füeterer, Bayerische Chronik (wie Anm. 19), S. 154: „ward gar grosser irsal in der Cristenhait."
83 Veit Arnpeck, Sämtliche Chroniken (wie Anm. 9), S. 32.

chen Sinne wurde der Investiturstreit im allgemeinen auch in der übrigen bayerischen Landeschronistik abgehandelt. Die entscheidende Beurteilungsprämisse war das Verhältnis des meist klerikalen Autors zur Kirche.

Auch in diesem Falle war es erstmals Aventin, der eine neue Gesamtsicht entwarf[84]. Geradezu provokativ sprach er im Widerspruch zur Tradition vom heiligen Kaiser und besten Fürsten Heinrich, während er für Papst Gregor VII. nur Worte des Zorns fand[85]. Auch hier waren seine Sympathien für die Reformation und der Antiklerikalismus bei gleichzeitigem Aufbrechen des deutschen Patriotismus die entscheidenden Motive, die durch den Quellenfund der „Vita Heinrici IV. imperatoris" aber auch methodisch abgestützt wurden[86]. Kein geringerer als Leopold von Ranke hat diese Eigenständigkeit im Urteil Aventin sehr hoch angerechnet[87]. Wie im Falle des Luitpoldingers Arnulf gewann auch bei der Schilderung des Investiturstreites erst bei Aventin die Betrachtung der Vorgänge von einer säkularen Warte aus das Übergewicht gegenüber der kirchlichen Perspektive, die das gesamte 15. Jahrhundert über noch uneingeschränkte Anerkennung gefunden hatte.

Als letztes Beispiel sei die Behandlung des wittelsbachischen Kaisers *Ludwig des Bayern* (1314-1347) vorgestellt. Auch in seinem Fall waren sich in der zeitgenössischen Historiographie Anhänger und Gegner gegenübergestanden[88]. Nach dem Niedergang des Wittelsbachers hatten letztere immer mehr das Übergewicht bekommen. Der Aufstieg des glanzvollen Karl IV. hatte in der Folgezeit das Urteil der Historiographen bestimmt[89], die dem Wittelsbacher vor allem seine Gegnerschaft gegen die Kurie zu Avignon anlasteten. Im Fall Kaiser Ludwigs des Bayern bezogen aber die frühen Landeschronisten anders Stellung. In der Landeshistoriographie des 15. Jahrhunderts fand Ludwig der Bayer durchwegs Worte hoher Anerkennung[90]; sie stilisierte ihn schon sehr früh und

---

84 Vgl. Alois Schmid, Das historische Werk des Johannes Aventinus, in: Gerhard-Helmut Sitzmann (Hg.), Aventinus und seine Zeit 1477-1534, Abensberg 1977, S. 9-37, bes. 26-30.
85 Aventinus, Sämmtliche Werke II (wie Anm. 21), S. 77-165; V, S. 296-306. Vgl. Schirmer, Kaiser Heinrich IV. (wie Anm. 77), S. 26-30; Maud Übelein, Aventins Geschichtsbewußtsein, Diss. phil. masch. Erlangen 1946, S. 39-41.
86 Johannes Aventinus, Heinrici IV. Caesaris Augusti, ducis vero Boiorum VII., vita, Ingolstadt 1518. Vgl. Helmut Beumann, Zur Handschrift der Vita Heinrici IV. (Clm 14 095), in: Speculum Historiale. Festschrift J. Spörl (wie Anm. 15), S. 204-223, bes. 206.
87 Leopold v. Ranke, Deutsche Geschichte im Zeitalter der Reformation II, Berlin ⁶1881, S. 60f.
88 Zumindest die Grundlinien der Geschichtsschreibung macht deutlich: Heinz Thomas, Ludwig der Bayer – Kaiser und Ketzer (1282-1347), Regensburg 1993, S. 9f.
89 Vgl. Kaiser Karl IV. – Staatsmann und Mäzen, hg. v. Ferdinand Seibt (Ausstellungskatalog), München 1978, S. 399-417.
90 Andreas von Regensburg, Sämtliche Werke (wie Anm. 17), S. 549-552, 641-644; Hans Ebran von Wildenberg, Chronik (wie Anm. 18), S. 113-120; Ulrich Füetrer, Bayerische Chronik (wie Anm. 19), S. 171-179; Veit Arnpeck, Sämtliche Chroniken (wie Anm. 9), S. 282-316, 568-582.

wohlbedacht zum „Magnus Bavarus" hoch[91]. Mehrere Autoren waren sich des quellenkritischen Problems bewusst, das sich aus der widersprüchlichen Überlieferung ergab und setzten sich mit der Frage der gerechten Beurteilung ausdrücklich auseinander. Das schließlich durchwegs positiv gezeichnete Bild des „rechten waren kristnmenschen"[92] wurde vor allem mit der unmittelbaren Zugehörigkeit zum regierenden Haus der Wittelsbacher begründet. Eine solche war in vergleichbar unmittelbarer Form weder bei Tassilo III. noch bei Herzog Arnulf noch beim Salier Heinrich IV. gegeben gewesen. Die genealogische Zugehörigkeit zur herrschenden Dynastie wurde offensichtlich höher eingestuft als eine auch quellenmäßig gut abgesicherte Gegnerschaft zum Papsttum – nicht zur Kirche. Denn an der Religiosität Ludwigs wird kein Zweifel geduldet, sie wird beständig ausdrücklich betont[93]. In seinem Fall wird der Widerstand gegen die Kurie als verhängnisvoller Irrweg geradezu entschuldigt, indem er den Machenschaften eines verräterischen Kanzlers Ulrich angelastet wird[94]. Damit wird auch Ludwig der Bayer letztlich zum moralischen Exempel, das zeigen konnte und zeigen sollte, dass der gute Fürst seinen Beratern keinen allzu großen Spielraum einräumen durfte, sondern sich auf seine eigenen Entschlüsse zu verlassen hatte. Auch die Verfehlungen Ludwigs des Bayern werden letztlich als menschliche Unzulänglichkeiten entschuldigt, weil die genealogische Zugehörigkeit zur noch regierenden Dynastie alle aus der Kirchenpolitik hergeleiteten Klagen überlagerte[95]. In seinem Fall hat bereits die Landeschronistik des 15. Jahrhunderts eine neue Position bezogen, die dann Aventin breit ausgearbeitet und methodisch weiter untermauert hat[96], ehe die Frage schließlich ein Jahrhundert später unter Kurfürst Maximilian I. zum erstrangigen Politikum hochstilisiert wurde[97]. Die theologisch bestimmte Betrachtungsperspektive blieb im 15. Jahrhundert auch in dieser Frage erhalten, wurde aber geradezu ins Gegenteil gewendet,

---

91 Andreas von Regensburg, Sämtliche Werke (wie Anm. 17), S. 80: „Appellatur autem Magnus Bavarus".
92 Veit Arnpeck, Sämtliche Chroniken (wie Anm. 9), S. 577.
93 Sie wird mehrfach ausdrücklich betont; siehe Anm. 111. Auch in der Kunst wird sie oftmals deutlich gemacht: Alois Schmid, Das Stifterbild in der Kirche des ehemaligen Dominikanerinnenklosters Pettendorf bei Regensburg, in: Ars Bavarica 43/44 (1986), S. 21-34; Robert Suckale, Die Hofkunst Kaiser Ludwigs des Bayern, München 1993, bes. S. 18-27.
94 Andreas von Regensburg, Sämtliche Werke (wie Anm. 17), S. 80, 124, 550, 642f.; Ulrich Fuetrer, Bayerische Chronik (wie Anm. 19), S. 173.
95 Vgl. Georg Leidinger (Hg.), Bayerische Chroniken des XIV. Jahrhunderts (MGH SrG 19), Hannover 1918.
96 Aventin, Sämmtliche Werke III (wie Anm. 21), S. 391-461; V, S. 431-502. Vgl. Übelein, Aventins Geschichtsbewusstsein (wie Anm. 85), S. 41-44.
97 Andreas Kraus, Die Annales ecclesiastici des Abraham Bzovius und Maximilian I. von Bayern, in: Reformata Reformanda. Festgabe für Hubert Jedin zum 17. Juni 1965 II, hg. v. Erwin Iserloh u. Konrad Repgen, Münster/Westf. 1965, S. 253-303; wieder in: ders., Bayerische Geschichtswissenschaft in drei Jahrhunderten (wie Anm. 59), S. 54-105.

wenn sich Kaiser Ludwig unter anderem wegen der sehr betonten Stiftung des Klosters Ettal des göttlichen Schutzes erfreuen durfte und statt dessen seine Gegner den Zorn Gottes auf sich zogen: Friedrich der Schöne starb eines schlimmen Todes durch Läusefraß[98].

Die vier vorgestellten Beispiele sollten deutlich machen, dass die landesgeschichtliche Perspektive bei der Personenzeichnung in mehreren Problemfällen weniger zum Tragen kam, als zunächst vermutet werden könnte. Sie bleibt im allgemeinen der überkommenen theologisch fundierten Betrachtungsweise deutlich nachgeordnet[99]. Nur ausnahmsweise kommt sie bei der Personenzeichnung voll zur Wirkung, wenn es um unmittelbare Angehörige der regierenden Dynastie der Wittelsbacher geht. Denn sie stehen im Mittelpunkt aller bayerischen Landeschroniken[100]. Landesgeschichte ist in ihrem Verständnis zuvörderst Fürstengeschichte[101]. Dabei bezieht sich diese Fürstengeschichte nicht in gleicher Weise auf sämtliche dem Herzogtum vorstehenden Geschlechter, sondern in allererster Linie auf das damals regierende Haus Wittelsbach, dessen Anbindung an die großen Dynastien der Weltgeschichte von der Scheyerer Fürstenchronik begründet wird[102]. Es handelt sich im innersten Kern um die Geschichte der herrschenden Dynastie. Natürlich wird ihr Regiment unter Inanspruchnahme des Gottesgnadentums auf göttliche Einsetzung zurückgeführt. Der „grosmütig

---

98 Veit Arnpeck, Sämtliche Chroniken (wie Anm. 9), S. 573.
99 Karl Schnith, Bayerische Geschichtsschreibung im Spätmittelalter. Eine Studie zu den Quellen von Passau und Kremsmünster, in: HJb 97/98 (1978), S. 194-212; ders., Die Geschichtsschreibung im Herzogtum Bayern unter den ersten Wittelsbachern (1180-1347), in: Hubert Glaser (Hg.), Die Zeit der frühen Herzöge. Von Otto I. zu Ludwig dem Bayern. Beiträge zur bayerischen Geschichte und Kunst 1180-1350 (Wittelsbach und Bayern I/1) München / Zürich 1980, S. 359-368; Karl Schnith, Bayerische Geschichtsschreibung im Spätmittelalter. Eine Studie zu den Quellen von Passau und Kremsmünster, in: HJb 97/98 (1978), S. 194-212; ders., Die Geschichtsschreibung im Herzogtum Bayern unter den ersten Wittelsbachern (1180-1347), in: Hubert Glaser (Hg.), Die Zeit der frühen Herzöge. Von Otto I. zu Ludwig dem Bayern. Beiträge zur bayerischen Geschichte und Kunst 1180-1350 (Wittelsbach und Bayern I/1) München / Zürich 1980, S. 359-368.
100 So vor allem Moeglin, Les ancêtres du prince (wie Anm. 12).
101 Hans Ebran von Wildenberg, Chronik (wie Anm. 18), S. XXXXIV-LVII; Ulrich Füetrer, Bayerische Chronik (wie Anm. 19), S. LX-LXVI. Vgl. Peter Johanek, Der Schreiber und die Vergangenheit. Zur Entfaltung einer dynastischen Geschichtsschreibung an den Fürstenhöfen des 15. Jahrhunderts, in: Hagen Keller u.a. (Hg.), Pragmatische Geschichtsschreibung im Mittelalter, München 1992, S. 195-209.
102 Albert Siegmund u. Franz Genzinger, Zur Scheyerer Tabula Perantiqua, in: Glaser (Hg.), Wittelsbach und Bayern I/1 (wie Anm. 99), S. 151-163. S. 155: „Secht also von dem edeln stam der vier kunig von Rom, von Frankreich, von Kriechen und von Ungern köm daz edel geslecht und der würdig sam der heren von Bairen dy hewt lebent. Und wer den grafen von Scheirn khainerlay sach zuspricht daz sy von alter nicht gut sein, der hat der Coronik nit gelesen und velt dar an."

27

helt, der grossmächtige helt, der vir magnanimus" Otto von Wittelsbach[103] führt 1180 auf göttliche Fügung hin das Geschlecht an die Spitze des Herzogtums, dem es seitdem mit bewunderter Ausstrahlungskraft vorsteht. Arnpeck verleiht Herzog Otto I. ausdrücklich das Attribut „der groß"[104]. Deswegen wäre die Figur des abgesetzten Heinrichs des Löwen ein weiteres Beispiel, dessen Behandlung in diesem Zusammenhang näher betrachtet zu werden verdiente[105]. Er musste geradezu vom Thron gestoßen werden, um Platz für die Wittelsbacher zu machen, denen die uneingeschränkte Sympathie der Chronisten gehörte[106]. Wie aller Fortschritt in der Geschichte wurde auch dieser Markstein auf göttliche Fügung zurückgeführt. Der Weltenlenker hat mit dem Thronwechsel von 1180 das Herrscheramt in Bayern in die denkbar besten Hände gelegt. Für die Beurteilung von Herzogspersönlichkeiten bleibt die Heilsgeschichte die entscheidende Plattform der Betrachtung. Erst Aventin sollte sich davon allmählich lösen und in mancher Hinsicht neue Grundlagen schaffen.

Bei der Beschreibung der einzelnen Herrscherfiguren zielten alle Chronisten auf ein möglichst makelloses Bild der Dynastie. Die Personenzeichnung wurde auf das neue höfische Ideal des christlichen Ritters ausgerichtet. Kritische Anmerkungen finden sich zwar vereinzelt[107], aber meist nur in bezug auf Nebensächlichkeiten. Wirklich dunkle Glieder in der Regentenkette oder auch größere schwarze Flecken werden weithin beseitigt[108]. Dabei spielt das literarische Versatzstück des schlechten Ratgebers eine wichtige Rolle; er sollte offensichtliches Fehlverhalten innerweltlich erklären und begründen[109]. Denn nicht mehr der Teufel steht unmittelbar hinter jedem Versagen, sondern durchaus auch oftmals ein schlechter Mensch. Insofern dringen nun allmählich neue Wertvorstellungen in die Chronistik ein. Wenn das Attribut „reich" für die Landshuter Teilherzöge des späteren 15. Jahrhunderts bereits von den zeitgenössischen Chronisten begründet wird, bedeutet das in ähnlicher Weise, dass sie nun für Macht

---

103 Andreas von Regensburg, Sämtliche Werke (wie Anm. 17), S. 504, 636.
104 Veit Arnpeck, Sämtliche Chroniken (wie Anm. 9), S. 506f.
105 Ebda., S. 504-506. Vgl. Alois Schmid, Heinrich der Löwe als Herzog von Bayern, in: Heinrich der Löwe und seine Zeit: Herrschaft und Repräsentation der Welfen 1125-1235 II: Essays, hg. v. Jochen Luckhardt u. Franz Niehoff, München 1995, S. 173-179, hier S. 178f.
106 Hans Ebran von Wildenberg, Chronik (wie Anm. 18), S. 102-104; Veit Arnpeck, Sämtliche Chroniken (wie Anm. 9), S. 506f.
107 Andrea Dirsch-Weigand, Stadt und Fürst in der Chronistik des Spätmittelalters, Köln / Wien 1991, S. 205, konstatiert sogar eine auffallende „Distanz zum fürstlichen Standpunkt". Vgl. zu den kritischen Ansätzen weiterhin: Winfried Eberhard, Klerus- und Kirchenkritik in der spätmittelalterlichen deutschen Stadtchronistik, in: HJb 114 (1994), S. 349-380.
108 Aus diesem Grund unterschlägt etwa Veit von Ebersberg, Chronica Bavarorum, hg. v. Oefele (wie Anm. 22), S. 708, die illegitime Geburt Arnulfs von Kärnten.
109 Siehe Anm. 63, 94. Vgl. Dirsch-Weigand, Stadt und Fürst in der Chronistik des Spätmittelalters (wie Anm. 107), S. 201-203.

und Reichtum einen Blick entwickeln und diese weltlichen Kategorien als wichtige Grundlage der Urteilsbildung betrachten[110]. Im übrigen aber wirkt der überkommene Tugendkatalog stark nach. Dementsprechend wird meistens als wichtigstes Herrschaftsmerkmal das Verhältnis zur Kirche herausgestellt. Die Kirche ist der entscheidende Parameter der Urteilsbildung. Deswegen findet bei den Wittelsbachern vor allem deren bemühte Klosterpolitik oftmals lobende Erwähnung[111]. Denn damit erfüllt das Herzogsgeschlecht den entscheidenden Grundzug des Tugendkataloges, den ein niederbayerischer Fürstenspiegel der Zeit noch einmal ausdrücklich thematisiert: „religiositas" und „pietas"[112]. Deren Nachweis durch die Jahrhunderte ist eine der Hauptaufgaben der frühen Landeschronistik. Hans Patze hat die frühe Landeschronistik von der Warte der Stifterchronik her zu deuten versucht und damit sicherlich einen entscheidenden Kern getroffen[113]. Diese Grundgedanken wirkten bis ins 15. Jahrhundert in Breite weiter.

3 Die Hussitenfrage

Wenn die „religiositas" die wichtigste aller Herrschereigenschaften blieb, dann durften für die frühen Historiographen an der Gültigkeit der von der Kirche gesetzten Normen keine Zweifel aufkommen. Umgekehrt mussten alle Entwicklungen und Bestrebungen, die gegen die Kirche gerichtet waren, in Deutlichkeit verurteilt werden. Diese Leitlinie trägt besonders auch die Darstellung der schwersten äußeren Bedrohung des frühen 15. Jahrhunderts: der Hussitengefahr. Sie steht vor allem im Mittelpunkt der Historiographie des Andreas von Regensburg[114]. Der Zeitgenosse streifte hier seine ihn sonst kennzeichnende Zu-

---

110 Walter Ziegler, Die Bedeutung des Beinamens „reich" der Landshuter Herzöge Heinrich, Ludwig und Georg, in: Pankraz Fried u. Walter Ziegler (Hg.), Festschrift für Andreas Kraus zum 60. Geburtstag, Kallmünz 1982, S. 161-181.
111 Andreas von Regensburg, Sämtliche Werke (wie Anm. 17), S. 519, 609f. (Tassilo III.); S. 550f., 643f. (Ludwig der Bayer). Vgl. Alois Schmid, Die Fundationes monasteriorum Bavariae. Entstehung – Verbreitung – Quellenwert – Funktion, in: Patze (Hg.), Geschichtsschreibung (wie Anm. 3), S. 581-646.
112 Gerd Brinkhus, Eine bayerische Fürstenspiegel-Kompilation des 15. Jahrhunderts. Untersuchungen und Textausgabe, München 1978.
113 Hans Patze, Adel und Stifterchronik. Frühformen territorialer Geschichtsschreibung im hochmittelalterlichen Reich, in: Blätter für deutsche Landesgeschichte 100 (1964), S. 8-81; 101 (1965), S. 67-128.
114 Rudolf Niederländer, Die Chronica Husitarum des Andreas von Regensburg als eine wesentliche Quelle für die Geschichte der Hussitenkriege, in: Liber ad magistrum. Festgabe Johannes Spörl, München 1964, S. 83-88.

rückhaltung ab und bezog in für ihn ungewöhnlicher Deutlichkeit Stellung[115]. Er stellte auch die Frage nach den Ursachen der Hussitengefahr. Natürlich hat er im Bündel der hier wirksamen Motivationen noch keinen Blick für die nationalen und sozialen Gründe. Für ihn war die Hussitengefahr ein Werk Gottes, der damit Nachlässigkeiten der Politik in Form unzureichender Bekämpfung der religiösen Irrlehren von Wyklif und Hus bestrafte: Weil diesen Bedrohungen nicht in der erforderlichen Entschlossenheit entgegengetreten wurde, können nunmehr die Hussiten zahlreiche Taugenichtse und Kriminelle aus vielen Regionen um sich scharen. Damit war das Urteil festgelegt. Die hussitische Bewegung wurde als Sammelbecken von Unmenschen gedeutet, die vor allem von Habgier, der „avaritia" des Augustinus, getrieben wurden und letztlich auf den Umsturz der göttlichen Weltordnung abzielten[116]. Ihre Bekämpfung ist somit eine Notwendigkeit nicht nur der Verteidigung des Landes, sondern auch der Kirche und der göttlichen Weltordnung: „Boemi igitur tamquam canes in foribus propriis audaces per plures annos [...] opiniones sive vias contra consuetum modum [...] tenebant"[117]. Zur Bekämpfung dieser Umsturzbewegungen ruft Andreas mit leidenschaftlichen Worten auf. Diesen Abwehrkampf sieht er als die große historische Aufgabe seiner Zeit an. Zweifel an der Berechtigung des Glaubenskrieges kommen angesichts einer derartigen Einordnung für ihn erst gar nicht auf. Der Krieg gegen die Hussiten ist ihm ein Heiliger Krieg, der nicht nur notwendig, sondern auch berechtigt ist: „Unde ex quo pugna ita est nobis reservata"[118]. Die Verteidigung des rechten Glaubens und der rechten Kirche hat notfalls auch mit militärischen Mitteln zu erfolgen. Die gleiche Überzeugung liegt der Behandlung der Kreuzzüge[119] oder der Türkenkriege[120] der Folgezeit zugrunde. Sie behält bis tief ins 16. Jahrhundert hinein Gültigkeit. Auch die Chroniken Aventins sind noch von dieser tiefen Weltuntergangsangst durchpulst, die von der bitteren Sorge vor dem Untergang des Kaisertums unter dem Ansturm der Türken herrührt, der einen Schlusspunkt hinter die letzte der vom Propheten Daniel vorausgesagten vier Weltmonarchien und damit hinter die Geschichte der Menschheit zu setzten droht[121]. Die Kreuzzüge, die Hussiten- und die Türkenabwehr werden nach dem gleichen gedanklichen Grundmuster betrachtet, das noch im-

---

115 Andreas von Regensburg, Sämtliche Werke (wie Anm. 17), S. 343-459.
116 Ebda., S. 690f.
117 Ebda., S. 120. Vgl. Brack, Bayerisches Geschichtsverständnis (wie Anm. 15), S. 343f.
118 Andreas von Regensburg, Sämtliche Werke (wie Anm. 17), S. 665. S. 432: „bella tamen, que dominus suos fideles passuros predixit, [...] nobis plus utilia sunt quam pax."
119 Ludwig Schmugge, Die Kreuzzüge aus der Sicht humanistischer Geschichtsschreiber, Basel / Frankfurt a.M. 1987.
120 Übelein, Aventins Geschichtsbewusstsein (wie Anm. 85), S. 94-106.
121 Aventin, Sämmtliche Werke I (wie Anm. 21), S. 171-242.

mer an der Heilsgeschichte und auch der Vier-Weltreiche-Lehre ausgerichtet war.

4 Zusammenfassung

Die Ausgangsfrage nach der Säkularisierung des Geschichtsdenkens in der frühen bayerischen Landeshistoriographie des 15. Jahrhunderts ist im Grunde recht eindeutig zu beantworten. Das Verhältnis von traditioneller Heilsgeschichte und neuer territorialgeschichtlicher Thematik ist keinesfalls von tiefen Brüchen und großen Sprüngen gekennzeichnet, sondern mehr von einem langwährenden problemlosen Nebeneinander in Form einer Symbiose. Die Landesgeschichte nahm ihren Anfang gänzlich unter dem Oberdach der Heilsgeschichte, sie hat sich erst in einem kontinuierlichen Verselbständigungsprozeß allmählich aus dieser herausentwickelt. Das religiös bestimmte Geschichtsdenken des Mittelalters behauptete seine Gültigkeit lange auch für dieses neue historiographische Genus, das voll in die überkommenen Denkmuster eingepasst wurde. Der niederbayerische Ritter Hans Ebran von Wildenberg beschloss in diesem Sinne den Prolog seiner Chronik mit dem bezeichnenden Aufruf an die Adressaten, der dieses Nebeneinander sehr deutlich macht: „o, ir fürsten, geistlich und weltlich, wendet die grossen sünd, das nit der zorn gottes auf die cristenheit fall. ir müst warlich darumb antwort geben vor dem letzten gericht, so himel und erden vor dem ernstlichen richter ertzittern". Seine Grundintention war, den Verantwortlichen den Weg aufzuzeigen, „dadurch sie erkennen den weg des fridens"[122]. Auch die Landesgeschichte diente weithin noch immer zur Verdeutlichung und Exemplifizierung der Aussagen der Bibel; ihr liegt die Überzeugung zugrunde, dass alles Geschehen gottgewollt sei und allein er geschichtlichen Fortschritt ermögliche. Veit Arnpeck zieht an einer Stelle seiner Chronik die für ihn bezeichnende Folgerung aus dem gerade behandelten Geschehen: „Considerare hic dei iudicia mundique volubilitatem eciam nolens compellor. Ecce res mundanas simul cum tempore rerumque potestates volvi et revolvi cernimus, ne putaremus mundanas res vel potestates in aliqua mundi parte statum invenisse"[123]. Andreas Zainer stellte in gleichem Sinne als Resümée seiner Schilderung des Landshuter Erbfolgekrieges bereits einleitend fest: „die haben im grund nicht anders erfarn, dann wer Got lieb gehabt und seine gebot vor augen getragen und ains Erbern leben inwendigs und auswendigs gemüts gelebt, dem hat Got wunderbarlich gnad und hilff mitgeteilt. Wer aber Got und seine gebot verschmecht und ain

---

[122] Hans Ebran von Wildenberg, Chronik (wie Anm. 18), S. 4
[123] Veit Arnpeck, Sämtliche Chroniken (wie Anm. 9), S. 121f. Vgl. Sigmund v. Riezler, Geschichte Baierns III, Gotha 1889, S. 895f.

unerber wesen wider die gesatz Gottes gefüret, den hat Got verlassen"[124]. Vornehmlich diese Erkenntnis soll der Leser aus der Lektüre seines gewaltigen Folianten gewinnen, hinter dessen Prolog er dementsprechend auch ein folgerichtiges „Amen" setzte. Es gibt von der Seite der bayerischen Landeschronistik her höchstens Ansätze zur Säkularisierung des Geschichtsdenkens – keinesfalls mehr. Dementsprechend wirkten die traditionellen Geschichtsbilder stark weiter. Nur in wenigen Ausnahmefällen wurden von der neuen Perspektive her eigene Sichtweisen entwickelt. Diese Feststellung gilt über das 15. Jahrhundert hinaus ins 16. Jahrhundert hinein. Deswegen wurde der herausragende Repräsentant der humanistischen Historiographie in Bayern, Johannes Aventinus, beständig in die Betrachtungen einbezogen. Selbst er verblieb noch weithin in dieser Tradition, hinter die er dann aber doch in vielem einen Schlusspunkt setzte und neue Bahnen zu weisen begann. Er ist die entscheidende Figur bei der Suche nach neuen Wegen geworden. Im übrigen aber ist die frühe Landeschronistik eindeutig noch der mittelalterlichen Geschichtsschreibung zuzuordnen. Sie steht weder in bezug auf das Geschichtsdenken noch in bezug auf die angewendete historische Methodik bereits unter den Vorzeichen des Humanismus, der andernorts die Weichen für die Historiographie zu dieser Zeit bereits neu stellte[125].

Diese Feststellung lenkt den Blick zurück auf die Charakterisierung der frühen bayerischen Landeschronistik in der neueren Forschungsliteratur als nationaler Historiographie[126]. Von der Warte der Heilsgeschichte her, die dieser Betrachtung zugrunde gelegt wurde, findet sie nur schwerlich eine Bestätigung. Das die frühen Chroniken in jeder Hinsicht neu bestimmende Signum war die territoriale Thematik nicht. Nur gewaltsam kann die Landeschronistik unter das beherrschende Oberthema der politischen Propaganda gestellt werden. Die neue Ausrichtung führte zu keiner Autonomie der Betrachtung unter territorialen und säkularen Aspekten. Die Nation spielte auf dieser Ebene noch keine größere Rolle. Viel dominanter war die Dynastie. Der Nationsbegriff kommt zwar seit dem ebenfalls noch immer in heilsgeschichtlicher Perspektive abgehandelten[127]

---

124 Bayerische Staatsbibliothek München, cgm 1598: Andreas Zainer, Geschichten in Bayern nach Absterben Herzog Georgs 1503-1505, fol. IIIr.
125 Franz Schnabel, Deutschlands geschichtliche Quellen und Darstellungen in der Neuzeit I: Das Zeitalter der Reformation 1500-1550, Leipzig / Berlin 1931 (ND Darmstadt 1972); Ulrich Muhlack, Geschichtswissenschaft im Humanismus und in der Aufklärung. Die Vorgeschichte des Historismus, München 1991.
126 Moeglin, Les ancêtres du prince (wie Anm. 12).
127 Augustin Koelner, Der Landshuter Erbfolgekrieg nach dem Tode Georgs des Reichen, in: Verhandlungen des Historischen Vereins für Niederbayern 1, 1847, S. 15: „Zulest Got mit Herzog Rueprechten vnd sainer gemachel sein Almechtigkhait vnd Krieg an schwertstraich auch sechen lassen vnd beede Junge Eheleut in vier wochen nacheinander auß disem Ellendt erfordert hat."

Landshuter Erbfolgekrieg immer wieder vor[128], hat aber in keiner Weise mit der Kennzeichnung eines durch Politik, Kultur, Geschichte oder Sprache zusammengehaltenen sozialen Verbandes zu tun. „Natio" verweist in unmittelbarer Ableitung von der lateinischen Wortwurzel „nasci" meist auf die durch Geburt begründete stammesmäßige Herkunft[129] und hat hier noch keine politische Dimension. Das unterscheidet die territoriale Historiographie von der Geschichtsschreibung auf der höheren Ebene der deutschen Geschichte, die – in gleicher Weise wie in England oder Frankreich – sehr wohl national akzentuiert ist[130]. Dementsprechend hat das 15. Jahrhundert auch in seiner Historiographie noch keine bayerische Nation gekannt. Deswegen sollte in Bayern wohl auch nicht von nationaler Geschichtsschreibung gesprochen werden. Diese Kennzeichnung greift einen höchstens im Ansatz fassbaren Aspekt heraus, isoliert und verabsolutiert diesen, während andere nicht minder gewichtige Aspekte dadurch zu sehr in den Hintergrund gedrängt werden.

Die mit der Betonung des Nationsbegriffes überstark in den Vordergrund gerückte politische Ausdeutung der Landeschronistik greift zu kurz und vernachlässigt nicht minder gewichtige andere Aspekte. Denn die spätmittelalterliche Historiographie, auch die Landeschronistik ist statt dessen einem Funktionspluralismus verpflichtet[131], der neben Dynastie und Staat vor allem die Religion und auch die literarische Ausrichtung[132] nicht aus dem Blick verlor. Die Geschichte sollte gewiss die Staatlichkeit befördern, zugleich aber die Humanität, die Kultur und auch die Religiosität der Leser bzw. Hörer durch die literarisch möglichst gekonnte Bereitstellung von durch Kurzweiligkeit schmackhaft gemachten nachahmenswerten oder anderseits abschreckenden „exempla"; sie behielt ihre ausgeprägte pädagogische Ausrichtung als „magistra vitae"[133]. Abt

---

128 Bayerische Staatsbibliothek, München cgm 1598, fol. IIIv: „diese claine Nation". Vgl. Riezler, Geschichte Baierns III (wie Anm. 123), S. 640.
129 Zur Begriffsgeschichte wichtig: Hans-Dietrich Kahl, Einige Beobachtungen zum Sprachgebrauch von „natio" im mittelalterlichen Latein. Mit Ausblick auf das neuhochdeutsche Fremdwort „Nation", in: Helmut Beumann u. Werner Schröder (Hg.), Aspekte der Nationenbildung im Mittelalter, Sigmaringen 1978, S. 63-108.
130 František Graus, Nationale Deutungsmuster der Vergangenheit in spätmittelalterlichen Chroniken, in: Otto Dann (Hg.), Nationalismus in vorindustrieller Zeit, München 1986, S. 3-53; Klaus Garber (Hg.), Nation und Literatur im Europa der frühen Neuzeit, Tübingen 1989.
131 Das betont vor allem Studt, Fürstenhof und Geschichte (wie Anm. 54), S. 372-421. Weiterhin: Francis Rapp, Nationalbewusstsein und Religion im Spätmittelalter. Ein Vergleich zwischen Frankreich und Deutschland, in: Beiträge zur mittelalterlichen Reichs- und Nationsbildung in Deutschland und Frankreich, hg. v. Carlrichard Brühl u. Bernd Schneidmüller, München 1997, S. 103-110.
132 Vgl. Arno Seifert, Geschichte und Geschichten. Historie zwischen Metaphysik und Poetik, in: HJb 96 (1978), S. 390-410.
133 Vgl. Rüdiger Landfester, Historia magistra vitae. Untersuchungen zur humanistischen Geschichtstheorie des 14. bis 16. Jahrhunderts, Genf 1972.

Veit von Ebersberg fasste seine Chronica Bavarorum in folgender Absicht ab: „Decet nempe virtuosos viros praecedentium facta saepius ad memoriam revocare, ut bonis exemplis discant bonis dignisque operibus insistere, et in malis valeant perditionis scopulum declinare"[134]. Veit von Ebersberg sah sich dementsprechend in der Rolle des „sacrarum Litterarum Historiarumque amator"[135]. Gerade diese Funktionsbeschreibung erscheint bezeichnend. Und noch Aventin betrachtete sich im innersten als „vates" und „seher", dessen Hauptaufgabe sei, seinen Mitmenschen die großen Gesetze des Weltenlaufes sowohl in politischer, vor allem aber ethisch-moralischer Hinsicht zu verdeutlichen[136]. Alle diese Aspekte gehen in der verengenden Betrachtung der frühen Landeschronistik allein als propagandistisch eingesetzter Nationalhistoriographie zu sehr unter.

In dieser stark traditionsorientierten Wertordnung wird auch das soziale Fundament der frühen Landesgeschichte wirksam. Die frühen Landeschronisten gehörten nicht alle, aber weithin dem geistlichen Stand an, wobei neben den Ordensklerus nun immer mehr der Weltklerus in den Vordergrund tritt. Doch widmen sich nun auch bereits Laien dem neuen Genus; Wildenberg und Füetrer sind die herausragenden bayerischen Vertreter dieser Gruppe. Dabei ist aber wichtig zu sehen, dass nur einzelne Vertreter im direkten Auftrag der entstehenden Höfe arbeiteten. Die Verbindung von Hofamt und historiographischer Betätigung, die Siegfried Haider stark in den Vordergrund gerückt hat[137], lässt sich im Herzogtum Bayern aber nur in Ansätzen nachweisen. Veit von Ebersberg etwa wirkte als Prinzenerzieher[138]. Dennoch darf diese Feststellung nicht überbetont werden. Es bleibt zu beachten, dass keiner der frühen bayerischen Landeshistoriographen als wirklicher Hofhistoriograph bezeichnet werden kann. Dieses Amt wurde in Bayern erstmals 1517 mit Johannes Aventinus besetzt und wirkte erst von da ab in die folgenden Jahrhunderte hinein. Im 15. Jahrhundert kann deswegen im eigentlichen Sinne nicht von Hofhistoriographie gesprochen werden, sondern lediglich von dem Hofe nahestehender, dem Hof zuarbeitender, am Hof orientierter Historiographie[139]. Vielleicht ist auch das einer

---

134 Veit von Ebersberg, Chronica Bavarorum (wie Anm. 22), S. 707: Prolog.
135 Ebda., S. 706.
136 Aventin, Sämmtliche Werke I (wie Anm. 21), S. 170; III, S. 238-241; IV, S. 11f.
137 Siegfried Haider, Zum Verhältnis von Kapellanat und Geschichtsschreibung im Mittelalter, in: Geschichtsschreibung und geistiges Leben im Mittelalter. Festschrift für Heinz Löwe zum 65. Geburtstag, hg. v. Karl Hauck u. Hubert Mordeck, Köln / Wien 1978, S. 101-138.
138 Claudia Willibald, Das Chronicon Bavarorum des Veit von Ebersberg. Geschichtsschreibung an der Schwelle zur Neuzeit, in: ZBLG 50 (1987), S. 493-541.
139 Gerhard Theuerkauf, Soziale Bedingungen humanistischer Weltchronistik. Systemtheoretische Skizze zur Chronik Nauclerus', in: Landesgeschichte und Geistesgeschichte. Festschrift für Otto Herding, hg. v. Kaspar Elm u.a., Stuttgart 1977, S. 317-340.

der Gründe dafür, dass die dynastische Ausrichtung keinesfalls die Oberhand über die kirchliche Wertordnung erhielt.

Bernard Guenée hat seine Untersuchung über die französische Historiographie des 15. Jahrhunderts unter das Oberthema „entre l'église et l'état" gestellt[140]. Mit dieser Wendung hat er den innersten Kern wesentlich besser getroffen, weil sie weiter und offener ist und somit den Funktionspluralismus ungleich treffender zum Ausdruck bringt als eine Verkürzung auf die „histoire nationale". Den Schritt von der Heilsgeschichte zur Nationalgeschichte hat in Konsequenz sicher nicht das 15. Jahrhundert, sondern erst die Neuzeit getan, deren Rationalismus zu einer Funktionsverengung führte[141]. Doch sollte sich dieser Vorgang im Grunde bis ins 18. Jahrhundert hinziehen. Erst später als im protestantischen Deutschland hat sich die Landeshistoriographie im altgläubigen Bayern gänzlich von der biblisch ausgerichteten Betrachtung der Geschichte zu lösen vermocht. Hier hat erst die Aufklärung den endgültigen Schlusspunkt gesetzt hinter die heilsgeschichtlich ausgerichtete Betrachtung der Vergangenheit des eigenen Landes[142].

---

140 Bernard Guenée, Entre l'église et l'état. Quatre vies de prélats français à la fin du Moyen age (XIIIe - XVe siècle), Paris 1987.
141 Arno Seifert, Von des heiligen zur philosophischen Geschichte. Die Rationalisierung der universalhistorischen Erkenntnis im Zeitalter der Aufklärung, in: AKG 68 (1986), S. 81-117.
142 Andreas Kraus, Die historische Forschung an der Churbayerischen Akademie der Wissenschaften 1759-1806, München 1959; ders., Vernunft und Geschichte. Die Bedeutung der deutschen Akademien für die Entwicklung der Geschichtswissenschaft im späten 18. Jahrhundert, Freiburg i.Br. 1963.

Teil II:

Interterritoriale Landesgeschichte
Die Beziehungen Bayerns zum Benelux-Raum im Alten Reich

1 Landesgeschichte in Bayern: Bilanz und Perspektiven

Bisher war es im Freistaat Bayern eine Selbstverständlichkeit, dass alle Universitäten eine Professur für Landesgeschichte erhielten. Eine derartige Funktionsstelle gehörte in jedem Fall zum Stellenplan, auch wenn sie im Einzelnen dann unterschiedlich gewichtet und ausgestattet wurde. Die Begründung für diesen Vorgang wurde im Wesentlichen aus drei Argumenten bezogen. Am Anfang steht eine politische Begründung. Der erste landesgeschichtliche Lehrstuhl wurde in Deutschland an der Ludwig-Maximilians-Universität München im Jahre 1898 eingerichtet. Den Anstoß dazu gab die politische Absicht, die Liebe zum Vaterland und zur regierenden Dynastie sowie das Heimatbewusstsein gerade auch der staatstragenden Akademikerschicht einzuimpfen[143]. Es waren staatspolitische Motive, die der institutionellen Verankerung der Landesgeschichte an der Universität den Weg bereiteten. Diese vor nunmehr über einem Jahrhundert getroffene Maßnahme hat alle folgenden, mehrfachen tiefen Brüche in der staatlichen Entwicklung Bayerns nicht nur überstanden, sondern ist durch diese sogar noch wesentlich gestärkt worden. Die beiden anderen Landesuniversitäten zu Erlangen-Nürnberg und Würzburg richteten in der Folge in entsprechender Weise auf Franken ausgerichtete Stellen ein. An jeder Neugründung der Nachkriegszeit gehörte von Anfang an die Bayerische Landesgeschichte zum angebotenen Fächerkanon, weil über die staatspolitische Bedeutung der Disziplin ein breiter Konsens bestand. Sie wird von den politischen Entscheidungsträgern auf allen Ebenen anerkannt und auch beständig betont. In diesem Sinne äußerte sich erst jüngst wieder Ministerpräsident Dr. Edmund Stoiber bei wichtiger Gelegenheit: „Wir Bayern begreifen uns als einen geschichtsbewussten Menschenschlag. Aus unserem historischen Selbstverständnis beziehen wir unser Staatsbewusstsein, unsere Eigenständigkeit und unseren Willen, uns in Deutschland, in Europa und in der Welt zu behaupten"[144]. Der Geschichte wird eine staatsbürgerlich wichtige, stabilisierende Funktion im politischen und gesellschaftli-

---

143 Max Spindler, Der Lehrstuhl für bayerische Landesgeschichte an der Universität München, in: ders., Erbe und Verpflichtung. Aufsätze und Vorträge zur bayerischen Geschichte, hg. von Andreas Kraus, München 1966, S. 168-172; Wilhelm Volkert – Walter Ziegler (Hg.), Im Dienst der bayerischen Geschichte: 70 Jahre Kommission für bayerische Landesgeschichte – 50 Jahre Institut für bayerische Geschichte (Schriftenreihe zur bayerischen Landesgeschichte 111) München ²1999.
144 Rede zur Eröffnung der bayerischen Landesausstellung in Höchstädt am 30. Juni 2004. Vgl. auch Alois Glück, Heimat Bayern: Eine Annäherung aus der Perspektive der Politik, in: Politische Studien. Zweimonatsschrift für Politik und Zeitgeschehen, Sonderheft 2 (2003), S. 35-40.

chen Leben zugeschrieben. Aus diesem Grund erhielten sämtliche Hohen Schulen im Freistaat entsprechende Funktionsstellen[145].

Die staatspolitische Aufgabe schloss die Überzeugung vom hohen Bildungswert der Landesgeschichte ein. Deswegen wurde sie in Bayern integraler Bestandteil der Lehrerbildung. Voraussetzung dafür war die Verankerung entsprechender Lehrinhalte in den Stundenplänen sämtlicher Schulgattungen. Darüber bestand immer ein breiter Konsens. Die Grundlagen für die angestrebte staatspolitische Funktion waren bereits im Schulunterricht zu legen. Das gilt von der Heimat- und Sachkunde in den Grundschulen[146] bis zum Wissenschaftspropädeutikum im Leistungskurs der Gymnasien. Landesgeschichtlichen Inhalten wurde ein hoher Stellenwert im schulischen Bereich zuerkannt. Dafür mussten an den Universitäten die Voraussetzungen geschaffen und die Grundlagen gelegt werden.

Zu diesen wichtigen gesellschaftlichen Funktionen der Landesgeschichte kam aber durchaus auch ein wissenschaftsimmanentes Argument. Seit der Institutionalisierung des Faches an den Hohen Schulen beschäftigten sich auch Wissenschaftstheorie und Wissenschaftslogik mit dieser Disziplin und bemühten sich, ihr einen spezifischen Standort im Kanon der historischen Teilfächer zuzuweisen. Das Verhältnis von Allgemeiner Geschichte und Landesgeschichte wurde Gegenstand von Überlegungen zur Theorie und Methodologie des Gesamtfaches Geschichte[147]. Diese führten zum Ergebnis, dass es Aufgabe der Landesgeschichte sein konnte, die Theoreme der Allgemeinen Geschichte auf den Prüfstand zu stellen: Halten die Aussagen der auf Generalisierung ausgerichteten Allgemeinen Geschichte der Überprüfung am konkreten Ort oder Raum in einer eng umrissenen Zeitspanne wirklich stand? So wurden wichtige Aufgaben der Landesgeschichte die Überprüfung, gegebenenfalls die Verifizierung oder Falsifizierung oder auch die Modifizierung der Aussagen der Allgemeinen Geschichte. Damit wurde der Landesgeschichte die auch methodologisch abgesicherte Funktion eines hilfreichen Korrektivs innerhalb des Kanons der historischen Gesamtwissenschaft zuerkannt[148].

---

145 Ferdinand Kramer, Keimzellen bayerischer Identität: Zur Funktion der Professuren für bayerische Landesgeschichte, in: Bayerische Staatszeitung 12. November 2004, S. 4.
146 Hans-Michael Körner – Waltraud Schreiber (Hg.), Region als Kategorie der Geschichtsvermittlung (Münchner Geschichtsdidaktisches Kolloquium 1), München 1997; Waltraud Schreiber (Hg.), Erste Begegnung mit Geschichte. Grundlagen historischen Lernens, Neuried 1999; Monika Fenn, Die Kategorie Heimat in der Grund- und Hauptschule Bayerns, Diss. phil. masch. München 2006.
147 Pankraz Fried (Hg.), Probleme und Methoden der Landesgeschichte (Wege der Forschung CDXCII), Darmstadt 1978.
148 Grete Klingenstein – Heinrich Lutz (Hg.), Spezialforschung und Gesamtgeschichte: Beispiele und Methodenfragen, Wien 1981.

Gerade das dritte Argument führte dazu, dass nach und nach alle deutschen Bundesländer daran gingen, entsprechende Funktionsstellen einzurichten. Da sie verschiedentlich keine vergleichbare staatliche Kontinuität aufweisen wie Bayern, musste hier das staatspolitische Argument geringer gewichtet werden. In der Deutschen Demokratischen Republik wurde es mit der Zerschlagung der Länder sogar gänzlich aufgegeben. Hier wurde an die Stelle der Landes- eine abstrakte Regionalgeschichte gestellt; der Vorschlag fand durchaus auch in den westlichen Bundesländern Zustimmung[149], zumal er sich mit Anregungen aus Frankreich traf, wo ganz andere Verhältnisse gegeben waren[150]. Die jüngste Entwicklung ist aber unverkennbar von der Rückkehr zur Landesgeschichte oder auch Landeskunde[151] gekennzeichnet. Sie wurde in der deutschen Universitätslandschaft auf breiter Front neben die drei klassischen Teilfächer der Alten, der Mittleren und der Neueren Geschichte gestellt. Vor allem die im unmittelbaren Umkreis angesiedelten landeshistorischen Institute und Kommissionen halten in den meisten Bundesländern an der staatspolitischen Zielsetzung der Landesgeschichtspflege besonders energisch fest[152].

Die zwangsläufige Folge dieser Rahmenbedingungen war eine inhaltliche Ausrichtung der Landes- und auch Regionalforschung auf die inneren Verhältnisse in den einzelnen Bundesländern oder gegebenenfalls auch abstrakt definierten Untersuchungsräumen. Die Landesgeschichte wurde geradezu notwendig auf die Innenpolitik ausgerichtet. Die herkömmliche Streitfrage in der Geschichtswissenschaft nach dem Vorrang der Innen- oder der Außenpolitik[153] wurde von den Landeshistorikern immer nahezu unbestritten zugunsten der In-

---

149 Werner Köllmann, Zur Bedeutung der Regionalgeschichte im Rahmen struktur- und sozialwissenschaftlicher Konzeptionen, in: Archiv für Sozialgeschichte 15 (1975), S. 44-50; Karl Czok, Regionalgeschichte in ihren Wechselbeziehungen zur Geschichte des deutschen Volks- und zur Weltgeschichte, in: Reiner Groß (Hg.), Beiträge zur Archivwissenschaft und Geschichtsforschung (Schriftenreihe des Staatsarchivs Dresden 10), Weimar 1977, S. 335-343; Ernst Hinrichs, Regionalität. Der kleine Raum als Problem der internationalen Schulbuchforschung, Frankfurt 1990; Paul-Joachim Heinig (Hg.), Reich, Regionen und Europa in Mittelalter und Neuzeit (Historische Forschungen 67), Berlin 2000.
150 Peter Claus Hartmann, Regionalgeschichte in Frankreich, in: ZBLG 40 (1977), S. 679-686; Rainer Babel – Jean-Marie Moeglin (Hg.), Identité régionale et conscience nationale en France et Allemagne du Moyen âge à l'époque moderne (Beihefte der Francia 39), Sigmaringen 1997.
151 Alois Gerlich, Geschichtliche Landeskunde des Mittelalters. Genese und Probleme, Darmstadt 1986; Werner Buchholz (Hg.), Landesgeschichte in Deutschland. Bestandsaufnahme – Analyse – Perspektiven, Paderborn-München-Wien-Zürich 1998.
152 Meinrad Schaab (Hg.), Staatliche Förderung und wissenschaftliche Unabhängigkeit der Landesgeschichte. Beiträge zur Geschichte der Historischen Kommission für geschichtliche Landeskunde im deutschen Südwesten (Veröffentlichungen der Kommission für geschichtliche Landeskunde in Baden-Württemberg B 111), Stuttgart 1995.
153 Eckart Kehr, Der Primat der Innenpolitik. Gesammelte Aufsätze zur preußisch-deutschen Sozialgeschichte im 19. und 20. Jahrhundert, Berlin ²1970.

nenpolitik beantwortet. Außenpolitische Themen spielen im landesgeschichtlichen Forschungsdiskurs herkömmlicherweise eine deutlich untergeordnete Rolle.

Die geschilderte Grundstruktur der Landesgeschichtspflege in Deutschland kommt in unseren Tagen unverkennbar ins Wanken. Die Hauptursachen für diesen Veränderungsprozess sind wohl folgende drei Faktoren: die Technisierung, die Ökonomisierung und die Internationalisierung der modernen Lebenswelten. Alle drei Grundtendenzen laufen einer regional orientierten Wissenschaftspflege zuwider und drohen die einschlägigen Disziplinen ins Abseits zu drängen. Ein unverkennbarer Grundzug der gegenwärtigen Universitätsreform ist der breite Abbau der Regionaldisziplinen. Auf dem Deutschen Historikertag 2004 in Kiel wurde bereits sorgenvoll vom „Abend der Landesgeschichte" gesprochen[154]. Dass diesem Prozess Einhalt geboten werden sollte, ist zwischenzeitlich auch den politischen Entscheidungsträgern bewusst geworden. In der Befürchtung, dass die Wurzeln wegbrechen könnten, sehen sie sich vereinzelt durchaus veranlasst, der allzu unbekümmerten Reformbereitschaft der universitären Entscheidungsgremien behutsame Zügel anzulegen.

Der fortschreitenden Technisierung und Ökonomisierung der modernen Lebenswelten, die vor den Wissenschaften nicht halt machen, ist ein unverzichtbarer Kanon an Grundwerten entgegenzustellen, der auch im Zeitalter zunehmender Praxisorientierung nicht preisgegeben werden darf. Er muss auch unter dem Diktat der Anwendungsbezogenheit aller Forschung von Grundlagenwissenschaften vermittelt werden, die deswegen aus der Effizienzberechnungen der Wissenschafts- und Bildungsplaner weithin herauszunehmen sind. Jenseits allen auf berufliche Fertigkeiten und gesellschaftliche Relevanz ausgerichteten Fachwissens und statistisch erfassbarer Messwerte muss ein unveräußerlicher Bestand an Grundwissen Kern aller Wissenschaft und Bildung bleiben. Als Basis der Wertorientierung gehören dazu ohne Zweifel historische und auch landesgeschichtliche Anteile. Auf diese Disziplinen wird eine niveaubewusste Wissenschaftspflege nicht verzichten dürfen, wenn sie sich nicht mit bloßer Fachausbildung begnügen will. Gerade auf der Grundlage einer so verstandenen *universitas* hat die abendländische Universität immer Ziel und Richtung vorgegeben. An diese Grundkonstante des Selbstverständnisses der Wissenschaften ist bei den derzeitigen Diskussionen um die Universitätsreform mit größtem Nachdruck zu erinnern.

---

154 Ernst Schubert in einem Grundsatzreferat in Kiel am 15. September 2004. Vgl. auch Hans Kratzer, Universitäten stoßen bayerische Fächer ab, in: Süddeutsche Zeitung 13. Oktober 2004, S. 46.

Die Hauptbedrohung für die Landesgeschichte geht aber von der gegenwärtigen Internationalisierungsdiskussion aus. Alle Lebensbereiche werden in zunehmendem Ausmaß in internationale Kontexte eingebaut. Sie beginnen in unserem Kulturraum bei der Europäisierung und weiten sich immer mehr in Richtung Globalisierung. Diese Vorgänge gehen an der Geschichtswissenschaft nicht vorbei. Sie haben hier zu einer grundlegenden Neubewertung der politischen Geschichte und im Besonderen einer Aufwertung der Außenpolitik geführt. Nachdem seit dem Ende des Zweiten Weltkrieges die Innenpolitik und hier im Besonderen die Wirtschafts- und Sozialgeschichte unter der Führung der Gesellschaftsgeschichte das Theoriegespräch bestimmt hatten, kommt es in jüngster Zeit zu einer echten Renaissance der politischen Geschichte[155]. In diesem Rahmen erfährt gerade auch die Außenpolitik wieder eine spürbare Neubelebung. Dabei wird die lange dominierende Perspektive der Nationalstaaten deutlich zurückgedrängt und durch einen europäischen Fachhorizont ersetzt[156]. Die neue europäische Dimension ergreift in zunehmendem Ausmaß auch von den bisher klassischen Themen der Innenpolitik Besitz. Die Geschichte der Bauern[157], der Städte[158] oder der Stände[159] wird nunmehr auch auf europäischer Ebene und in vergleichender Perspektive abgehandelt. Sogar die Nationen wurden in einen europäischen Rahmen gestellt[160]. Allenthalben wird Internationalisierung zur entscheidenden Kennzeichnung. Auch die Geschichtswissenschaft will durch die Wahl entsprechender Themen ihren Beitrag zur Bildung Europas leisten. Sie ist in einem deutlichen Umbruch begriffen, der ohne Zweifel mit der Veränderung der politischen Rahmenbedingungen zusammenhängt[161].

Die Landesgeschichte darf hier nicht länger abseits stehen. Sie muss auf den gesellschaftlichen und politischen Wandel reagieren. Sie hat sich dem veränderten Rahmen anzupassen, wenn sie nicht Gefahr laufen will, den Bezug zur gesellschaftlichen Realität preiszugeben und sich im luftleeren Raum akademi-

---

155 Andreas Hillgruber, Politische Geschichte in moderner Sicht, in: HZ 216 (1973), S. 529-552; Klaus Hildebrand, Geschichte oder Gesellschaftsgeschichte? Die Notwendigkeit einer politischen Geschichtsschreibung von den internationalen Beziehungen, in: HZ 223 (1976), S. 328-357.
156 Heinz Duchhardt (Hg.), Handbuch der Geschichte der internationalen Beziehungen, bisher 3 Bände, Paderborn 1997ff.
157 Werner Rösener, Die Bauern in der europäischen Geschichte, München 1993.
158 Leonardo Benevolo, Die Stadt in der europäischen Geschichte, München ²1998.
159 Wilhelm Rausch (Hg.), Die geschichtlichen Grundlagen der modernen Volksvertretung. Die Entwicklung von den mittelalterlichen Korporationen zu den modernen Parlamenten, 2 Bände, Darmstadt 1974-1980.
160 Hagen Schulze, Staat und Nation in der europäischen Geschichte, München ²1995.
161 Michael Borgolte, Europa im Bann des Mittelalters. Wie Geschichte und Gegenwart unserer Lebenswelt die Perspektiven der Mediävistik verändern, in: Jahrbuch für europäische Geschichte 6 (2005), S. 117-135.

scher Unverbindlichkeit zu verlieren[162]. „Nur was sich verändert, hat Bestand" formulierte jüngst Wissenschaftsminister Dr. Thomas Goppel in einem Redebeitrag und machte damit auf eben diesen Sachverhalt aus der Perspektive der Wissenschaftspolitik aufmerksam.

In diesem Sinne muss sich auch die Landesgeschichte neu positionieren. Sie muss den verschobenen Grundkoordinaten der Geschichtswissenschaft Rechnung tragen und sich auch der neuen Leitkategorie der Internationalisierung stellen. Sie muss ihre Optik neu ausrichten, indem sie den Blick verstärkt von der Inneren zur Äußeren Geschichte umpolt. Auch die Landesgeschichte muss sich gezielt der Erhellung der Außenbeziehungen der einzelnen Räume stellen; bisher hat sie diesen nur wenig Beachtung geschenkt. Nicht nur Reiche und Staaten oder große Territorien verfügen über solche Außenbeziehungen. Auch Mittel- und Kleinstaaten, alle historischen Landschaften haben solche, weil sie in ein Netz vielfältiger Außenverflechtungen eingebunden sind[163], die erhellt zu werden verdienen. Sie müssen sich keineswegs immer zu Außenpolitik verdichten, weil sie sich auf anderen Ebenen vollziehen können: Gesellschaft, Wirtschaft, Recht, Kirche, Kultur, Kunst. Auch politikfreie Räume verdienen derartige Aufarbeitung, weil auch sie dazu beitragen können, eine historische Landschaft, wie immer sie zu definieren ist, als Baustein einer umfassenden Geschichtswirklichkeit zu begreifen. Der erweiterte Betrachtungshorizont wird in unserem Raum für die geschichtlichen Epochen weithin ein abendländisch-europäischer sein; doch kann sich für Einzelthemen durchaus auch eine globale Betrachtungsperspektive als zweckmäßig und sachgerecht erweisen[164].

In diesem Sinne muss sich die Landesgeschichte neu orientieren. Auf Bayern bezogen bedeutet das: Es gilt Bayern verstärkt als Baustein einer europäischen Geschichtslandschaft zu entdecken, zu untersuchen und zu beschreiben. Noch fehlt dafür die passende Begrifflichkeit. Pankraz Fried hat einmal den Terminus Beziehungsforschung in die Diskussion geworfen, der sich die Landesgeschichte verstärkt zuwenden sollte[165]. Er weist sicher in eine erfolgversprechende Richtung. Eine so neujustierte Landesgeschichte könnte auch als in-

---

162 Karl Bosl, Bayern im Kraftfeld europäischer Geschichte, in: Ludwig Huber (Hg.), Bayern – Deutschland – Europa. Festschrift für Alfons Goppel, München 1975, S. 1-15; Pankraz Fried, Europäische Aspekte einer bayerisch-schwäbischen Landesgeschichte, in: Politische Studien. Zweimonatsschrift für Politik und Zeitgeschehen Sonderheft 3 (1978), S. 53-61.
163 Theodor Schieder, Die mittleren Staaten im System der großen Mächte, in: HZ 232 (1981), S. 583-604.
164 Dafür tritt mit Nachdruck ein: Walter Demel, Antike Quellen und die Theorien des 16. Jahrhunderts zur Frage der Abstammung der Chinesen. Überlegungen zu einem frühneuzeitlichen Diskussionsschema, in: Saeculum. Jahrbuch für Universalgeschichte 37 (1986), S. 199-211.
165 Pankraz Fried, Begegnung der Regionen: Historische Beziehungen zwischen Schwaben und der Oberpfalz, in: Konrad Ackermann – Georg Girisch (Hg.), Gustl Lang. Leben für die Heimat, Weiden 1989, S. 310-316.

terterritoriale Landesgeschichte angesprochen werden. Sie erschließt neue Horizonte. Eine so verstandene Landesgeschichte verschafft der Teildisziplin erhöhte Bedeutung für die Allgemeine Geschichte[166]. Am ehesten sie entspricht dem Geschichtsverständnis des 21. Jahrhunderts. Das Interesse an derartigen Fragestellungen ist aber auch in der Öffentlichkeit groß, da der Grundvorgang der Internationalisierung der Lebenswelt unverkennbar mit einem wachsenden Interesse für Kleinräume einhergeht. Internationalisierung und Regionalisierung sind komplementäre Vorgänge, die sich offensichtlich gegenseitig bedingen[167]. Diesen Grundtatsachen sollte die Landesgeschichte verstärkt Rechnung tragen[168]. Am ehesten so kann sie verhindern, dass die Disziplin zur bedeutungsarmen Heimat- oder Provinzialgeschichte absinkt. Nur so kann sie auch in der technisch, ökonomisch und international ausgerichteten Wissensgesellschaft der Zukunft bestehen[169].

Die hier vorgeschlagene Umorientierung eröffnet der Landesgeschichte ein nahezu unbegrenzt geweitetes Arbeitsfeld. Denn Verbindungen eines Ausgangsraumes gibt es in jedem Fall zu endlos vielen anderen Bezugsfeldern. Sie können sich auf sehr unterschiedlichen Ebenen vollziehen. Im folgenden sei dafür ein Beispiel vorgestellt, das diese Tatsache verdeutlichen soll: die Beziehungen Bayerns zum Raum der Benelux-Staaten. Sie sind von der bisherigen Forschung höchstens vereinzelt punktuell berührt, aber noch nie in größerem Zusammenhang beachtet worden. Der Anstoß zur Beschäftigung mit diesem Thema kommt durchaus von der Politik: Das werdende Europa hat sich in Brüssel, Luxemburg und Den Haag neue Brennpunkte geschaffen. An ihnen muss auch der Freistaat Bayern seinem Wort Gewicht verschaffen. Auf diesem Wege sind Brücken aufgebaut worden, die auch diese entfernten Regionen miteinander verbinden. Die politischen Klammern der Gegenwart begründen ein Interesse auch für deren historische Grundlagen.

---

166 Herwig Wolfram, Landesgeschichte und Allgemeine Geschichte, in: ZBLG 51 (1988), S. 3-12.
167 Hans-Michael Körner, Die bayerische Geschichte. Öffentlichkeit – Politik – Wissenschaft, in: ZBLG 62 (1999), S. 3-13.
168 Wilhelm Ribhege, Europa – Nation – Region. Perspektiven der Stadt und Regionalgeschichte, Darmstadt 1991.
169 Alois Schmid, Landesgeschichte in Bayern. Versuch einer Bilanz (Hefte zur bayerischen Geschichte 4), München 2005.

2 Bayern und der Benelux-Raum

Bayern ist ein Binnenland[170]. Diese geographische Gegebenheit hat seine gesamte Geschichte bestimmt. Diese geographische Gegebenheit bestimmt noch seine Gegenwart. Der Freistaat ist eingebettet in das sehr kleingliedrige Gefüge der vielgestaltigen historischen Landschaften Mitteleuropas. Mit allen seinen Nachbarn steht er in einem intensiven Austausch, der sich auf unterschiedliche Lebensbereiche erstreckt[171] und in vielfältigen Formen vollzieht[172]. Im Voralpenraum laufen einerseits sehr heterogene Kraftlinien zusammen: anderseits nehmen von ihm vielfältige Impulse nach außen ihren Ausgang. Die Außenbeziehungen sind von einem andauernden Geben und Nehmen bestimmt, das die Physiognomie des Landes und seiner Bewohner entscheidend geformt hat.

Die Verbindungslinien weisen grundsätzlich in alle Richtungen[173]. Dennoch sind sie im Einzelnen von unterschiedlicher Intensität. Man kann die bayerische Geschichte der Vormoderne im großen Überblick in ein Kräftedreieck hineinstellen, dessen entscheidende Eckpole Italien[174], Frankreich[175] und Österreich[176] waren. Vor allem in diesem Spannungsfeld vollzog sich die bayerische Geschichte im Verlaufe der Jahrhunderte des Mittelalters und der Neuzeit. Trotz der Einbindung in die deutsche Geschichte kam den Verbindungen nach Norden lange nur ein geringeres Gewicht zu. Das hängt auch damit zusammen, dass hier keine Macht in erreichbarer Entfernung positioniert war, zu der man in ähnlich intensiven Austausch wie zu Italien, Frankreich oder Österreich hätte treten können. England war zu weit entfernt, als dass es bis ins 18. Jahrhundert hinein zu

---

170 Karl Ruppert u.a., Bayern: Eine Landeskunde aus sozialgeographischer Sicht (Wissenschaftliche Länderkunden: Bundesrepublik Deutschland und Berlin/ West 2), Darmstadt 1987.
171 Alois Schmid, Max III. Joseph und die europäischen Mächte. Die Außenpolitik des Kurfürstentums Bayern 1745-1765, München 1987.
172 Ferdinand Kramer, Zur Konzeption mittelstaatlicher Außenpolitik in den siebziger Jahren des 18. Jahrhunderts: Eine Schrift des pfalzbayerischen Gesandten in Wien Heinrich Joseph von Ritter (1778), in: ZBLG 60 (1997), S. 705-736.
173 Alois Schmid – Katharina Weigand (Hg.), Bayern – mitten in Europa. Vom Frühmittelalter bis ins 20. Jahrhundert, München 2005.
174 Karl Bosl, Italienisch-deutsche Kulturbeziehungen im 17. Jahrhundert, vornehmlich in dessen zweiter Hälfte, in: ZBLG 30 (1967), S. 507-525. S. auch Anm. 37.
175 Volker Press, Frankreich und Bayern von der Reformation bis zum Wiener Kongress, in: Heinz Duchhardt – Eberhard Schmitt (Hg.), Deutschland und Frankreich in der frühen Neuzeit. Festschrift für Hermann Weber zum 65. Geburtstag (Ancien régime: Aufklärung und Revolution 12), München 1987, S. 21-70.
176 Volker Press, Bayern, Österreich und das Reich in der Frühen Neuzeit, in: Verhandlungen des Historischen Vereins für Oberpfalz und Regensburg 120 (1980), S. 493-519; Alois Schmid, Bayern und Österreich – eine schwierige Nachbarschaft, in: Bayernspiegel (1991) Heft 6, S. 7-12.

engerer Kooperation hätte kommen können¹⁷⁷. Die vielen anderen Herrschaftsträger stellten keine Größen dar, die in die angesprochene Grundkonstellation hätten bestimmend hineinwirken können.

Erste Verbindungen

Die Anfänge dieser Verbindungen liegen bereits im Frühen Mittelalter. Es waren die Einrichtungen der Kirche, die erste Kontakte zwischen den entfernten Regionen herstellten. Das kirchliche Leben orientierte sich nur wenig an den politischen Grenzen und band die vielen Herrschaftsträger auf dem Kontinent zur kulturellen Einheit des Abendlandes zusammen. Diese bewirkte einen intensiven personellen und geistigen Austausch auch über große Räume hinweg. Das frühe Beziehungsgeflecht zwischen Bayern und dem Benelux-Raum wird am ehesten fassbar im Austausch von Handschriften. Auf diesem Wege gelangte mancher Codex des Frühen Mittelalters etwa flandrischer Provenienz in Klosterbibliotheken des bayerischen Raumes¹⁷⁸. Seine Herkunft wird in bezeichnenden Themen oder formalen Eigenheiten fassbar. Noch deutlichere Spuren haben einzelne Persönlichkeiten hinterlassen. So ist der im Erdinger Raum gebürtige Abt Arn des Klosters Saint Amand zu Elnone im Hennegau um 785 zum Bischof und dann 798 zum Erzbischof von Salzburg erhoben worden¹⁷⁹. Der erste Metropolit der Kirchenprovinz Bayern kam also aus einem Kloster des Hennegaus¹⁸⁰. Diese frühen kirchlichen Verbindungen erreichten einen Höhepunkt, als seit dem „dunklen" 10. Jahrhundert die vom lothringischen Kloster Gorze ausgehenden Reformbewegung über die Bischofsstadt Trier auf den süddeutschen Raum ausgriff und hier wesentlich zur Erneuerung des religiösen Lebens im Hohen Mittelalter beitrug¹⁸¹.

---

177 Leonhard Lenk, Das Modell England in der bayerischen Verfassungsdiskussion zwischen 1770 und 1818, in: Gesellschaft und Herrschaft. Forschungen zu sozial- und landesgeschichtlichen Problemen vornehmlich in Bayern. Eine Festgabe für Karl Bosl zum 60. Geburtstag, München 1969, S. 271-290.
178 Bernhard Bischoff, Die südostdeutschen Schreibschulen und Bibliotheken in der Karolingerzeit I: Die bayerischen Diözesen, Wiesbaden ³1974.
179 Rudolf Schieffer, Arn von Salzburg und die Kaiserkrönung Karls des Großen, in: Bayern und Italien: Politik – Kultur – Kommunikation (8.-15. Jahrhundert). Festschrift für Kurt Reindel zum 75. Geburtstag, hg. von Heinz Dopsch – Stephan Freund – Alois Schmid (ZBLG Beiheft B 18), München 2001, S. 104-121.
180 Friedrich Prinz, Frühes Mönchtum im Frankenreich. Kultur und Gesellschaft in Gallien, den Rheinlanden und Bayern am Beispiel der monastischen Entwicklung (4. bis 8. Jahrhundert), Darmstadt ²1986, S. 164-166.
181 Kassius Hallinger, Gorze – Cluny. Studien zu den monastischen Lebensformen und Gegensätzen im Hochmittelalter (Studia Anselmiana 22/23), Rom 1950/51.

Die Amtsherzöge des 11. Jahrhunderts

Ab der Jahrtausendwende erhielten diese Verbindungen eine neue Qualität. Nun wurden sie auch im herrschaftlichen Leben wirksam. Denn während des 11. Jahrhunderts bekam das Stammesherzogtum Bayern gleich mehrfach Herzöge und Herzoginnen, die aus diesem entfernten Raum von außen ins Land geschickt wurden.

Diese Entwicklung setzt ein unter Heinrich IV., der ab 995 auf dem bayerischen Herzogsthron saß. Er sollte 1002 auf den deutschen Königsthron und 1014 sogar auf den Kaiserthron im Heiligen Römischen Reich gelangen[182]. Dieser bedeutende Herrscher nahm sich um die Jahrtausendwende zur Gattin mit Kunigunde[183] (Abb. 1) eine Angehörige des Geschlechtes der Grafen von Luxemburg, dessen Herrschaft sich damals bis ins Ardennengebiet hinauf erstreckte[184]. Die Wahl einer Frau gerade aus diesem fernen Raum muss auffallen, zumal Thietmar von Merseburg berichtet, dass Herzog Heinrich die Menschen aus dem Westen wegen ihrer Leichtlebigkeit im allgemeinen nicht schätzte[185]. Zur Erklärung wird einerseits auf bereits bestehende Verwandtschaftsbeziehungen, die über die babenbergische Mutter Kunigundes gelaufen sein könnten, andererseits auf die intensivierten Kulturkontakte im Gefolge der Kirchenreform verwiesen. Mit Kunigunde gelangte zum ersten Mal eine Angehörige des Grafenhauses Luxemburg auf den Herzogsstuhl in Bayern und stieg von hier aus im Windschatten des Gatten ebenfalls zur Königin und Kaiserin auf. Vor allem durch ihre Kanonisation im Jahre 1200 sollte sie zu einer der bedeutendsten und bekanntesten Herrscherinnen der mittelalterlichen Welt werden[186].

Die Königserhebung von 1002 warf die Frage nach dem weiteren Schicksal des Herzogtums Bayern auf: Durfte oder konnte es vom nunmehrigen „rex Romanorum" weiter beherrscht werden? Oder musste es dieser nun aus der Hand geben? Der Monarch wusste offensichtlich selber nicht so recht, wie am zweckmäßigsten zu verfahren sei. Der Machtmensch Heinrich II. behielt das Herzogtum zunächst in seiner Hand, um die Verhältnisse in diesen gerade im Zusammenhang mit der Königserhebung von inneren Unruhen erschütterten

---

182 Stefan Weinfurter, Heinrich II. (1002-1024), Herrscher am Ende der Zeiten, Regensburg ³2002.
183 Weinfurter, Heinrich II., S. 41. Vgl. auch Ludwig Alfred Lerche, Die politische Bedeutung der Eheverbindungen in den bayrischen Herzogshäusern von Arnulf bis Heinrich dem Löwen (907-1180), Langensalza 1915, S. 28-36.
184 Heinz Renn, Das erste Luxemburger Grafenhaus (963-1136) (Rheinisches Archiv 39), Bonn 1941; Markus Twellenkamp, Das Haus der Luxemburger, in: Stefan Weinfurter (Hg.), Die Salier und das Reich I, Sigmaringen ²1992, S. 475-502.
185 Thietmar von Merseburg, Die Chronik VI c. 48, hg. von Robert Holtzmann (MGH SrG 9), Hannover 1935 (ND 1996), S. 334.
186 Weinfurter, Heinrich II. (wie Anm. 182), S. 93-109.

Stammlanden in seinem Sinne zu ordnen. Als dieses Ziel erreicht war, gelangte der König zur Erkenntnis, dass die Verbindung von Königs- und Herzogsamt doch unpraktikabel war. Deswegen übertrug er seine Stammlande im Jahre 1004 an einen anderen Heinrich, der in der Reihe der bayerischen Herzöge als Heinrich V. geführt wird; für ihn begegnet auch die Koseform Hezilo[187]. Bemerkenswert ist seine Herkunft. Er entstammte dem gleichen Adelshaus wie Königin Kunigunde und war bisher Graf im Ardennengau und vielleicht auch im Bitgau gewesen[188]. Mit ihm gelangte nun sogar ein männlicher Angehöriger des Hauses Luxemburg auf den Herzogsstuhl in Bayern; er war der Bruder Kunigundes. Über seine Regierung in Bayern ist insgesamt nur wenig bekannt. König Heinrich II. hoffte, mit dem Schwager als Landfremdem einen gänzlich von ihm abhängigen und deswegen verlässlichen Stellvertreter bestimmt zu haben[189]. Dessen Einsetzung war also ein weiterer sehr gezielter Schachzug König Heinrichs II. Er wollte nach dem recht friedlosen 10. Jahrhundert in Bayern endlich Ruhe schaffen und glaubte, dieses Ziel am ehesten durch einen engen Verwandten erreichen zu können. Doch wollte sich der Schwager mit der ihm zugedachten nachgeordneten Rolle nicht zufrieden geben und machte sich bald daran, sich eine eigene Position aufzubauen[190]. Wegen dieser Eigenwilligkeiten wurde Herzog Heinrich V. 1008 dann wieder abgesetzt[191], abermals nahm der König seine Ausgangslande in eigene Verwaltung. Doch berief er den Schwager 1017/18 in das frühere Amt zurück[192]. Die Ostpolitik ließ in den späten Jahren Heinrichs II. wieder eine wirkungsvollere Präsenz des Reiches gerade in diesem Grenzraum ratsam erscheinen. Diese Aufgabe erfüllte Herzog Heinrich V. nun zur vollen Zufriedenheit des Kaisers.

Der aus Luxemburg stammende Herzog ist Bayern vor allem durch das Stift bzw. Kloster Osterhofen verbunden[193]. Bisher galt er als der Gründer dieser geistlichen Einrichtung an einem alten Pfalzort im Herzen Altbayerns, das wird

---

187 Zu ihm zusammenfassend: Renn, Luxemburger Grafenhaus (wie Anm. 184), S. 86; Alois Schmid, Heinrich V. von Luxemburg, in: Lexikon des Mittelalters IV, München-Zürich 1989, Sp. 2064f.
188 MGH DD O II. 252.
189 Thietmar, Chronik VI c. 3 (wie Anm. 185), S. 276. Vgl. Weinfurter, Heinrich II. (wie Anm. 182), S. 193.
190 Sigmund Riezler, Geschichte Baierns I/2 (Geschichte der europäischen Staaten 20/1) Stuttgart ²1927, S. 19 bringt die Entzweiung mit der Gründung des Bistums Bamberg 1007 in Zusammenhang, durch die sich der Herzog beeinträchtigt gefühlt habe. Auch Renn, Luxemburger Grafenhaus (wie Anm. 184), S. 91-94.
191 Thietmar, Chronik VI c. 41, hg. von Holtzmann, S. 324.
192 Thietmar, Chronik VII c. 66, hg. von Holtzmann, S. 481.
193 Franziska Jungmann-Stadler, Landkreis Vilshofen (Historischer Atlas von Bayern, Altbayern 29), München 1973, S. 99-104; Osterhofen: 1200 Jahre Stift – 625 Jahre Stadt, Osterhofen 2004.

neuerdings in Frage gestellt[194]. Auf alle Fälle war er ein sehr bedeutender Förderer dieser geistlichen Einrichtung. Offensichtlich wollte er von diesem neuen Zentralort außerhalb des herkömmlichen Vorortes Regensburg aus sich seine eigene Position schaffen[195]. Die Meisterhand Egid Quirin Asams hat ihm noch im 18. Jahrhundert in der prächtigen Stiftskirche ein bezeichnendes Bilddenkmal gewidmet, das unverkennbar auf die behauptete Leichtlebigkeit der Luxemburger anspielt[196] (Abb. 2). In Osterhofen fand der Herzog nach seinem Tod 1026 schließlich auch seine letzte Ruhestätte. Sie ist dort aber nicht mehr bekannt.

Mit dem Aufstieg Herzog Heinrichs IV. zum König und Kaiser war das Herzogtum Bayern in die Verfügung des Königtums gekommen; es wurde zum Kronland[197]. Die Salier des 11. Jahrhunderts haben dieses Kronland auch weiterhin entweder selber verwaltet oder aber an besondere Vertraute weitergegeben[198]. Die eingesetzten Amtsherzöge wurden noch zwei Mal aus dem nordwestlichen Reichsgebiet geholt. Der nächste Herzog aus diesem Grenzraum wurde nach einer Unterbrechung von eineinhalb Jahrzehnten der im Jahr 1042 installierte und dann bis 1047 regierende Herzog Heinrich VII., der als Neffe des Königspaares Heinrich II. und Kunigunde ebenfalls aus dem damals sehr einflussreichen Hause Luxemburg kam[199]. Dieses war über Irmentrud, die Gemahlin Herzog Welfs II., zudem wirkungsvoll mit benachbarten Schwaben verbunden[200]. Für die bayerische Geschichte ist dieser luxemburgische Landesherr auch deswegen bemerkenswert, weil er der Aussteller der ältesten im Original überlieferten Herzogsurkunde ist. Heinrich VII. hat die vom Königspaar in ihn gesetzten Erwartungen als Statthalter im Kronland Bayern[201] voll erfüllt, indem er vor allem die Ostpolitik im königlichen Sinne organisierte. Die entscheidende Frage war die Festlegung der Ostgrenze des Reiches gegenüber den Ungarn. Vor allem in diesen Kämpfen an der Reichsgrenze gegen die Ungarn hat er sich

---

194 Roman Deutinger, Zur Gründung des Kanonikerstifts Osterhofen, in: Ostbairische Grenzmarken 47 (2005), S. 69-83.
195 Marco Innocenti, Das Kloster Osterhofen als Hausstift Heinrichs V., in: Hémecht. Zeitschrift für Luxemburger Geschichte 52 (2000), S. 161-169; Wilhelm Störmer, Kaiser Heinrich II., Kunigunde und das Herzogtum Bayern, in: ZBLG 60 (1997), S. 437-463.
196 Druck: Osterhofen: 1200 Jahre Stift – 625 Jahre Stadt (wie Anm. 51), S. 11.
197 Wilhelm Störmer, Bayern und der bayerische Herzog im 11. Jahrhundert. Fragen der Herzogsgewalt und der königlichen Interessenpolitik, in: Weinfurter (Hg.), Die Salier und das Reich I (wie Anm. 184), S. 503-547.
198 Zusammenstellung: Kurt Reindel, in: Max Spindler (Hg.), Handbuch der bayerischen Geschichte I, München ²1981, S. 313 Anm. 82.
199 Zu ihm zusammenfassend: Renn, Luxemburger Grafenhaus (wie Anm. 184), S. 116-120; Alois Schmid, Heinrich VII., in: Lexikon des Mittelalters IV, München-Zürich 1989, Sp. 2065.
200 Bernd Schneidmüller, Die Welfen. Herrschaft und Erinnerung (819-1252) (Urban-Taschenbücher 465), Stuttgart 2000, S. 120.
201 Annales Altahenses maiores, hg. von Edmund von Oefele, (MGH SrG 4), Hannover 1891 (ND 1997), S. 31.

bewährt[202]. Damals wurde die Siedlungs- und Herrschaftsgrenze zwischen Deutschen und Ungarn ausgebildet. Dennoch hat er sich offensichtlich nur bei Bedarf im Herzogtum aufgehalten. Denn sein Grab hat er im Kloster St. Maximin im heimatlichen Trier gefunden[203].

Auf diesen weiteren Luxemburger auf dem Herzogsstuhl in Bayern folgte nach zwei Jahren unmittelbarer Königsherrschaft in den Jahren 1049 bis 1053 mit Konrad I. (Kuno I.) noch einmal ein Landesherr aus dem nordwestlichen Grenzraum des Reiches. Er führt wegen seiner Besitzungen in den Niederlanden den bezeichnenden Beinamen Konrad von Zutphen[204]. Noch immer war die Frage der Ostpolitik der entscheidende Anstoß zur Einsetzung eines eigenen Herzogs. Der Herzog entstammte der Ehe des Pfalzgrafen Ludwolf von Lothringen mit Mathilde von Zutphen und wird dem Geschlecht der Ezzonen zugerechnet[205]. Die über die Mutter namengebende Grafschaft Zutphen liegt in den heutigen Niederlanden[206]. Der sehr eigenwillige Ezzone war bei der Vergabe des Pfalzgrafenamtes in Lothringen zweimal übergangen worden und sollte nunmehr mit dem entfernten Herzogtum Bayern entschädigt und vielleicht auch dorthin abgeschoben werden. Auch er wurde hier vorwiegend mit Fragen der Ostpolitik konfrontiert[207]. Doch kehrte dieser Herzog zur Politik seines Vorgängers Heinrich V. zurück und bemühte sich auch hier um eine Stärkung seiner eigenen Position. Mit dieser Absicht heiratete er eine einheimische Prinzessin: Judith aus dem machtvollen Geschlecht der Markgrafen von Schweinfurt[208]. Diese Bestrebungen erregten erneut den Widerstand des Königs. Auch Kaiser Heinrich III. begann gegenzusteuern und machte sich daran, das Herzogtum Bayern

---

202 Annales Altahenses maiores, hg. Oefele, S. 29 (a.a. 1042-1044); Hermann von Reichenau, Chronicon, hg. von Georg Heinrich Pertz, in: MGH SS IV, Hannover 1844, S. 124f.
203 Annales et chronica aevi Salici, hg. von Georg Heinrich Pertz, in: MGH SS V, Hannover 1844, S. 127. Vgl. Erich Wisplinghoff, Untersuchungen zur frühen Geschichte der Abtei St. Maximin bei Trier von den Anfängen bis etwa 1150 (Quellen und Abhandlungen zur mittelrheinischen Kirchengeschichte 12), Mainz 1976, S. 47, 159, 163 (Vogt des Klosters), S. 79, 91, 122 (Schenkungen).
204 Alois Schmid, Konrad (Kuno) I., in: Lexikon des Mittelalters V, München-Zürich 1991, Sp. 1342f.
205 Emil Kimpen, Ezzonen und Hezeliniden in der rheinischen Pfalzgrafschaft (MIÖG Erg.-Band 12) Wien 1933, S. 1-91, hier 11; ders., Zur Genealogie der bayerischen Herzöge von 908 bis 1070, in: Jahrbuch für fränkische Landesforschung 13 (1953), S. 81.
206 Hanno Brand, Zutphen, in: Lexikon des Mittelalters IX, München-Zürich 1998, Sp. 713f.
207 Annales Altahenses maiores, hg. von Oefele (wie Anm. 202), S. 48 (a.a. 1053-55); Hermann von Reichenau, Chronik, hg. von Pertz (wie Anm. 203), S. 133 (a.a. 1053).
208 Lerche, Eheverbindungen (wie Anm. 183), S. 42f.; Vor 1000 Jahren: Die Schweinfurter Fehde und die Landschaft am Obermain 1003, hg. von Erich Schneider u. Bernd Schneidmüller (Schweinfurter Museumsschriften 118) Schweinfurt 2004, S. 112. Vgl. Egon Boshof, Lothringen, Frankreich und das Reich in der Regierungszeit Heinrichs III., in: Rheinische Vierteljahrsblätter 42 (1978), S. 63-127.

den eigenen Söhnen zu übertragen[209]. Dadurch sah sich Konrad I. in seiner Position bedroht und ging auf Distanz zum König, was dieser aber nicht hinnahm. Auch Heinrich III. setzte den Herzog Konrad I. nach wenigen Jahren wieder ab und stellte an seinen Platz den eigenen Sohn Heinrich VIII., Herzog von Bayern, der dann als Heinrich IV. der kämpferische Kaiser des Investiturstreites werden sollte. Freilich war Herzog Konrad I. mit dieser Verfügung nicht einverstanden. Er zettelte einen Aufstand gegen den Salierkönig an. Als dieser gerade in Italien gebunden war, unternahm der vom Herrscherthron verdrängte Bayernherzog Bemühungen, seine Stellung zu behaupten. Doch setzte sein baldiger Tod einen vorzeitigen Schlusspunkt hinter diese Rebellion schon im Jahre 1055. Natürlich brach damit die Erhebung zusammen. Auch Herzog Konrad I. vermochte angesichts dieser Umstände im Herzogtum keine Wurzeln zu schlagen, wie auch bei ihm vornehmlich sein Begräbnis in der Kirche Mariengraden zu Köln belegt[210].

Im 11. Jahrhundert war also das Herzogtum Bayern ein Kronland geworden. Es wurde entweder vom Königtum selber oder Familienangehörigen verwaltet oder aber als Amtsherzogtum landfremden Herzögen übertragen. So erhielt das Herzogtum Bayern drei Mal Herrscher, die das Königtum als Amtsherzöge bewusst aus der entgegengesetzten Ecke des Reiches holte. Die Absicht der salischen Reichsoberhäupter war, den ausgeprägten Stammestraditionen in Bayern, die noch immer Wahlrechte des Adels geltend machten[211], entgegenzuwirken und das Herzogtum mithilfe von landfremden Herzögen noch stärker ins Reich einzubauen[212]. Diese wurden mehrfach aus dem Nordwesten des Reiches geholt, wohin Kunigunde die Verbindung hergestellt hatte. Sie waren durchwegs nur kurze Zeit im Amt. Wie sie vom König eingesetzt wurden, konnten sie von diesem auch wieder abgesetzt werden. Es ging darum, zwischen dem Herzogtum und seinen Herzögen keine Bindungen aufkommen zu lassen. Dass das erreicht wurde, zeigt am deutlichsten der Blick auf die Herzogsgräber. Von diesen Bedingungen musste am ehesten das Königtum profitieren. Dessen Rechnung ist im wesentlichen aufgegangen, weil diese Amtsherzöge ihr Herzogtum weithin im Sinne des Königtums verwalteten oder, sofern sie das nicht taten, rasch aus dem Amt entfernt wurden.

Am Ende dieses Abschnittes der bayerischen Geschichte steht mit Judith dann noch einmal eine Herzogin aus dem Nordwesten des Reichsgebietes. Sie

---

209 Hermann von Reichenau, Chronicon, hg. von Pertz (wie Anm.202), S. 133.
210 Zu dieser heute nicht mehr bestehenden Kirche im Umkreis des Domes: Anton Legner, Kölner Heilige und Heiligtümer, Köln 2003, S. 114-119. Auch Werner Schäfke, Kölns romanische Kirchen: Architektur – Ausstattung – Geschichte, Köln 1984, S. 13, 114, 153..
211 Thietmar, Chronik, hg. von Holtzmann (wie Anm. 185), S. 276: *cum omnium laude principum;* S. 155: *electione et auxilio Bavariorum.*
212 So auch Friedrich Prinz, in: Spindler (Hg.), Handbuch der bayerischen Geschichte I (wie Anm. 198), S. 396.

war die Gemahlin Herzog Welfs IV., dem König Heinrich IV. 1070 das Herzogtum Bayern übertrug. In diesem Zusammenhang entließ Welf IV. seine bisherige Gemahlin Ethelinde, die Tochter des sächsischen Grafen Otto von Nordheim, seit 1061 zudem Herzog von Bayern, und heiratete in dritter Ehe Judith von Flandern[213]. Die Umstände dieser Neuvermählung sind im einzelnen nicht hinreichend durchsichtig. Warum die Wahl des Welfenherzogs gerade auf Judith, die Tochter Balduins IV. von Flandern und Witwe des Königs von England, fiel[214], wird nicht deutlich. Ein Zusammenhang zwischen Herzogin Judith und dem bisher vorgestellten Personenkreis ist jedenfalls nicht ersichtlich. Nach dem Urteil der neuesten Welfengeschichte ging es vor allem um den Aufbau eines weitreichenden dynastischen Beziehungsnetzes und den Nachweis europäischer Geltung[215]. Durch diese Ehe kam Bayern abermals in engere Verbindung mit Flandern. Sie wurde für den oberdeutschen Raum erneut vor allem in kultureller Hinsicht folgenreich, weil Judith mannigfache Codices nach Süddeutschland mitbrachte, die zu den bemerkenswertesten Sakralpretiosen des Mittelalters gehören, die hier überliefert sind[216] (Abb. 3). Auch diese Handschriften legen Zeugnis von den insgesamt regen Verbindungen zwischen den entfernten Räumen ab, die gerade im 11. Jahrhundert einen ersten Höhepunkt erlebten.

Die Zeit der frühen Wittelsbacher

Gleich am Beginn der für Bayern besonders prägenden Regierungstätigkeit der Dynastie der Wittelsbacher ab dem Jahre 1180 steht mit Herzogin Agnes als Stammutter des nunmehrigen Herzogsgeschlechtes abermals eine Frauengestalt,

---

213 Historia Welforum c.13, hg. von Erich König (Schwäbische Chroniken der Stauferzeit 1), Sigmaringen ²1978, S. 20.
214 Hartwig Cleve – Eduard Hlawitschka, Zur Herkunft der Herzogin Judith von Bayern († 1094), in: Pankraz Fried – Walter Ziegler (Hg.), Festschrift für Andreas Kraus zum 60. Geburtstag (Münchener Historische Studien Abt. Bayer. Geschichte 10), Kallmünz 1982, S. 15-32, wieder in: Eduard Hlawitschka, Stirps regia. Forschungen zu Königtum und Führungsschichten im früheren Mittelalter Ausgewählte Aufsätze. Festgabe zu seinem 60. Geburtstag, hg. von Gertrud Thoma und Wolfgang Giese, Frankfurt a. M. 1988, S. 511-528; Dieter R. Bauer – Matthias Becher (Hg.), Welf IV., Schlüsselfigur einer Wendezeit: Regionale und europäische Perspektiven (ZBLG Beiheft B 24), München 2004, S. 289-292 u.ö.
215 Schneidmüller, Die Welfen (wie Anm. 200), S. 134f.
216 Hanns Swarzenski, Englisches und flämisches Kunstgut in der romanischen Buchmalerei Weingartens, in: Weingarten 1056-1956. Festschrift zur 900-Jahrfeier des Klosters, Weingarten 1956, S. 333-340; Heinrich der Löwe und seine Zeit: Herrschaft und Repräsentation der Welfen 1125-1235 I: Katalog, hg. von Jochen Luckhardt und Franz Niehoff, München 1995, S. 89-91.

die aus dem nordwestlichen Reichsgebiet kam[217]. Ihre Heimat war die Grafschaft Looz bzw. Loon[218] (Abb. 4). Das dortige Grafenhaus verfügte über intensive Beziehungen ins Untermaingebiet zur Herrschaft Rieneck. Die Grafen von Rieneck standen in langer und enger Verbindung zu den Grafen von Looz bzw. Loon[219]. Sie waren zugleich Nachbarn des Bistums Mainz, das in dieser Zeit – und zwar in den Jahren 1161 bis 1165 und 1183 bis 1200 – von einem Bruder Herzog Ottos I., Erzbischof Konrad, regiert wurde[220]. Das dortige Burggrafenamt bekleideten wiederholt Mitglieder der Familie der Grafen von Loon. Dieses Beziehungsgefüge macht die ungewöhnliche Heiratsverbindung Ottos I. mit Agnes von Loon über eine derartige Entfernung hinweg verständlich. Der wittelsbachische Erzbischof Konrad hat vermutlich als Vermittler die Wege für diese Ehe bereitet, die bereits vor dem Jahr 1167 geschlossen worden ist. Am Beginn der Wittelsbacherzeit steht also abermals eine Herzogin, die aus dem Nordseeraum stammte. Agnes von Loon hat tiefe Spuren in der bayerischen Geschichte hinterlassen. Denn sie hat den Vornamen ihres Vaters Ludwig in das Herzogsgeschlecht gebracht, wo er rasch zum dauerhaften Leitnamen werden sollte[221]. Am Beginn dieser Reihe steht ihr eigener Sohn, der das Erbe des Vaters nach dessen baldigem Tod schon 1183 noch als Kind übernehmen sollte[222]. Dennoch ist das Wissen um die niederländische Herkunft der Herzogin in der wittelsbachischen Haustradition im Laufe der Zeit verloren gegangen.

Der Stammmutter Agnes von Loon folgte in der vierten Herzogsgeneration der Wittelsbacher mit Maria von Brabant (Abb. 5) eine nächste Herzogin aus diesem fernen Raum[223]. Die Ehe war 1236 von Kaiser Friedrich II. aus dynastischen Gründen vermittelt worden Allerdings sollte dieser ersten Gemahlin Ludwigs des Strengen ein sehr trauriges Schicksal beschieden sein. Denn die

---

217 Gabriele Schlütter-Schindler, Die Frauen der Herzöge. Schenkungen und Stiftungen der bayerischen Herzoginnen an Klöster und Stifte des Herzogtums und der Pfalzgrafschaft von 1077 bis 1355 (ZBLG Beiheft B 16), München 1999, S. 18-24. Eine bildliche Darstellung findet sich innerhalb der sogenannten Scheyerer Fürstentafeln: Michael Meuer, Die gemalte Wittelsbacher Genealogie der Fürstenkapelle zu Scheyern (Miscellanea Bavarica Monacensia 59) München 1975, S. 60-63 Tafel 7. S. Anm. 137.
218 Jean Baerten, Het graafschap Loon (11de – 14de eeuw): Ontstaan, politiek, instellingen, Assen 1969; Wolfgang Herborn, Looz, in: Lexikon des Mittelalters V (wie Anm. 204), Sp. 2108.
219 Theodor Ruf, Die Grafen von Rieneck: Genealogie und Territorienbildung (Mainfränkische Studien 38) Würzburg 1984, S. 33-37 u.ö.; Tobias Weller, Die Heiratspolitik des deutschen Hochadels im 12. Jahrhundert (Rheinisches Archiv 149), Köln-Weimar-Wien 2004, S. 765f.
220 Friedhelm Jürgensmeier, Das Bistum Mainz von der Römerzeit bis zum II. Vatikanischen Konzil (Beiträge zur Mainzer Kirchengeschichte 2), Frankfurt a. M. ²1989, S. 91-96.
221 Christian Haeutle, Genealogie des erlauchten Stammhauses Wittelsbach von dessen Wiedereinsetzung in das Herzogthum Bayern bis herab auf unsere Tage, München 1870, S. 3.
222 Hans und Marga Rall, Die Wittelsbacher in Lebensbildern, Graz-Wien-Köln-Regensburg 1986, S. 26-33.
223 Schlütter-Schindler, Die Frauen der Herzöge (wie Anm. 217), S. 39.

Herzogin fand 1256 auf Burg Mangoldstein in Donauwörth ein gewaltsames Ende, als sie auf die Anschuldigung des Treuebruches hin kurzerhand enthauptet wurde[224]. An den Vorgang erinnert die Gründung des Zisterzienserklosters Fürstenfeld, das der Gatte Herzog Ludwig der Strenge 1263 als Sühnestiftung errichten ließ, nachdem sich sein Vorgehen als Unrecht herausgestellt hatte[225].

Es sind also mehrfache Eheverbindungen zwischen der bayerischen Herzogsfamilie und Adeligen aus dem nordwestlichen Grenzraum des Reiches gegeben. Ihnen lagen allein dynastische Motive zugrunde, mit dem Herzogtum Bayern selber haben sie kaum zu tun. Deswegen führten sie überwiegend nur zu kurzzeitigen Berührungen, die am ehesten im religiös-kulturellen Bereich fruchtbar wurden. Tiefere Spuren haben sie nur ausnahmsweise hinterlassen. Doch sollte sich das bald ändern.

Trotz des unglücklichen Endes der Herzogin Maria fand diese Reihe schon in der folgenden Generation eine Fortsetzung. Der nächste Träger des neuen Leitnamens Ludwig nahm sich nämlich abermals eine Gemahlin aus dem Nordseeraum. Ludwig IV., bekannter als Ludwig der Bayer, als König (seit 1314) und Kaiser (seit 1328) der bedeutendste der mittelalterlichen Wittelsbacher[226] (Abb. 6), vermählte sich in zweiter Ehe 1324 mit Margarete von Holland[227]. Die Hochzeitsfeierlichkeiten fanden bezeichnenderweise auf einem Hoftag in Köln statt, an dem seine Gegner nicht teilnahmen und der in den Quellen nur wenig Niederschlag fand. Bei dieser Verbindung werden die zugrunde liegenden politischen Motive sehr deutlich greifbar. Der angefochtene Wittelsbacher auf dem Königsthron gab sich alle Mühe, im gesamten Reichsgebiet Fuß zu fassen. In diesem Sinne setzte er auch die Heiratspolitik ein. Deswegen nahm er nach dem Tod seiner ersten Gattin Beatrix von Schlesien-Glogau 1322 als zweite Gemahlin (Abb. 7) eine Frau gerade aus der entgegengesetzten Nord-West-Ecke des Reiches. Sein Ziel war, mit dieser Heirat sein Königtum auch an dieser

---

224 Hermann von Niederaltaich, Annales, hg. von Philipp Jaffé, in: MGH SS XVII, Hannover 1861, S. 400. Vgl. Hubert Glaser (Hg.), Die Zeit der frühen Herzöge. Von Otto I. zu Ludwig dem Bayern II (Wittelsbach und Bayern I/2), München-Zürich 1980, S. 109-111.
225 Angelika Ehrmann – Peter Pfister – Klaus Wollenberg (Hg.), „In Tal und Einsamkeit". 725 Jahre Kloster Fürstenfeld: Die Zisterzienser im alten Bayern, 2 Bände, München 1988; Werner Schiedermair (Hg.), Kloster Fürstenfeld, Lindenberg 2006.
226 Glaser (Hg.), Die Zeit der frühen Herzöge II (wie Anm.224), S. 199-258; Gertrud Benker, Ludwig der Bayer (1282-1347), ein Wittelsbacher auf dem Kaiserthron, München 1980 (ND 1997); Barbara Hundt, Ludwig der Bayer, der Kaiser aus dem Hause Wittelsbach (1282-1347). Biographie, Esslingen 1989; Heinz Thomas, Ludwig der Bayer (1282-1347), Kaiser und Ketzer, Regensburg 1993.
227 Thomas, Ludwig der Bayer, S. 163; Adriaan W. E. Dek, Genealogie der graven van Holland, s'-Gravenhage 1954, S. 52-54; Heinz Thomas, Kaiserin Margarethe, in: Karl R. Schnith (Hg.), Frauen des Mittelalters in Lebensbildern, Graz-Wien-Köln 1997, S. 274-276; Schlütter-Schindler, Die Frauen der Herzöge (wie Anm.217), S. 70-84.

brisanten Berührungszone mehrerer Großmächte, wo sich zudem Verselbständigungstendenzen abzeichneten, wieder nachhaltiger zur Geltung zu bringen[228]. Seine Ehe ist im Kontext vielfältiger Bemühungen zur Stabilisierung der Herrschaftsverhältnisse im nordwestlichen Grenzraum zu sehen. Diese Verbindung erfolgte also im Rahmen einer gezielten Heiratspolitik, die gerade die Wittelsbacher vortrefflich zu handhaben wussten. Im Nachgang zu dieser Vermählung kam sein Schwager Herzog Wilhelm IV. von Holland, Seeland und Friesland 1343 sogar zu einem persönlichen Besuch nach München[229]. Mit dieser Heirat erlangten die Beziehungen Bayerns zum Nordseeraum nun wirklich auch eine politische Dimension.

Das Herzogtum Straubing-Holland

Diese Heiratsverbindung von 1324 sollte nach zwei Jahrzehnten eine ungewohnte Bedeutung gewinnen. Am 27. September 1345 wurde Herzog Wilhelm IV., der außer in seiner Stammgrafschaft Holland Herrscher in Seeland und Friesland sowie in der Grafschaft Hennegau war, im Kampf gegen die aufständischen Friesen erschlagen. Damit fielen die vier von ihm regierten Herrschaften an den König zurück. Unbesorgt um alle anderen Ansprüche belehnte der rigorose Territorialpolitiker kurzentschlossen seine Gemahlin Margarete mit ihnen[230]. Das war nach dem Heimfall des Thronlehens an das Reichsoberhaupt rechtlich zwar möglich, politisch aber denkbar unklug. Denn derartige Eigennützigkeit beschwor rasch einen scharfen Widerstand der großen Reichsfürsten herauf, die den weiteren Ausgriff der wittelsbachischen Hausmachtpolitik nicht mehr hinnehmen wollten. Der Erwerb der Grafschaften Holland, Seeland, Friesland und des Hennegaues war einer der Hauptgründe für die Gegenwahl des

---

228 Hans Patze, Die Wittelsbacher in der mittelalterlichen Politik Europas, in: ZBLG 44 (1981), S. 33-79, hier 56f.; Heinz Angermaier, Ludwig der Bayer, in: Max Spindler (Hg.), Handbuch der bayerischen Geschichte II, München ²1988, S. 163f.
229 Die Chronik Johanns von Winterthur, hg. von Friedrich Baethgen (MGH SrG NS 3) Berlin 1924, S. 212. Vgl. Michael Menzel, München: Ludwig der Bayer und der Alte Hof, in: Alois Schmid – Katharina Weigand (Hg.), Schauplätze der Geschichte in Bayern, München 2003, S. 134-148, hier 146. Der Tod des Schwiegervaters wird am Münchner Hof zur Kenntnis genommen: Michael Menzel (Bearb.), Regesten Kaiser Ludwigs des Bayern (1314-1347) III, Köln-Wien-Weimar 1996, S. 264 Nr. 575.
230 Léopold Devillers, Cartulaire des comtes de Hainaut de l'avènement de Guillaume II à la mort de Jacqueline de Bavière I, Brüssel 1881, S. 268 Nr. 155; Johann Friedrich Boehmer, Regesta Imperii inde ab anno MCCCXIIII usque ad annum MCCCXLVII, Frankfurt a. M. 1839, S. 155 Nr. 2453, 2464. Vgl. Thomas, Ludwig der Bayer (wie Anm. 84), S. 361; Alois Schmid, Die Entstehung des Teilherzogtums Straubing-Holland, in: Alfons Huber – Johannes Prammer (Hg.), 650 Jahre Herzogtum Niederbayern-Straubing-Holland, Straubing 2005, S. 7-39.

Jahres 1346, die Ludwig den Bayern schließlich vom Thron stieß und den Luxemburger Karl IV. auf den Königsthron brachte[231].

Diese Vorgänge konnten aber nicht verhindern, dass das Haus Wittelsbach die genannten Herrschaften an der Nordsee behauptete. Sie blieben auch nach der Absetzung und dem baldigen Tod Kaiser Ludwigs IV. in seiner Verfügung. 1353 wurde im Rahmen der Aufteilung der Herrschaft auf die vielen Söhne das wittelsbachische Teilherzogtum Straubing-Holland vorwiegend unter fiskalischen Gesichtspunkten gebildet. Es war wegen der riesigen Entfernung der beiden Herrschaftsblöcke ein sehr ungewöhnliches Gebilde. Die Regierung der bayerischen Wittelsbacher an der Nordsee dauerte bis 1425 bzw. 1429[232]. Königin Margarete und ihre Söhne Wilhelm I. und Albrecht I. sowie der Enkel Johann III. führten ein wirkungsvolles Regiment, das in beiden Herrschaftsteilen bis heute sichtbare Spuren hinterließ. Es war von vielen Kämpfen bestimmt, stellte aber insgesamt für das Land einen Segen dar[233].

Das Herzogtum Straubing-Holland (Abb. 8) schuf erstmals eine wirkungsvolle Klammer zwischen dem niederbayerischen Donauraum und dem Nordseegebiet. Die Wittelsbacher haben vor allem die Landesverwaltung und das Finanzwesen verbessert. Ihr Hauptbemühen galt der Zusammenfassung des herrschaftlich aufgesplitterten Raumes durch eine gezielte Territorialpolitik. Diese setzte die Heiratspolitik und Kirchenpolitik für ihre Ziele ein. Trotz der riesigen Entfernung der zwei Herrschaftsteile funktionierte die Verwaltung erstaunlich gut. Es wurde ein reger Austausch auf der herrschaftlichen, administrativen, personellen und auch kulturellen Ebene in Gang gebracht. Der wirtschaftliche Austausch hielt sich dagegen in Grenzen. Die Verbindung stellte ein kontinuierlicher Botenverkehr zwischen der Donau und Nordsee her. Einzelne der zum Zwecke der Landesverwaltung abgesandten Adeligen verblieben sogar auf Dauer an der Nordsee und bildeten – wie die Herren von Sattelbogen[234] – dort einen Nebenzweig ihrer Familien aus. Wichtiger ist der Austausch auf der Ebene der Künste, der noch heute in den getrennten Gebieten sichtbare Spuren

---

231 Thomas, Ludwig der Bayer (wie Anm. 84), S. 338-361.
232 Huber – Prammer (Hg.), Herzogtum Niederbayern-Straubing-Holland (wie Anm.230).
233 Laetitia Boehm, Die Wittelsbacher an der Nordsee, in: ZBLG 44 (1981), S. 93-130; Dorit-Maria Krenn – Joachim Wild, „fürste in der ferne". Das Herzogtum Niederbayern-Straubing-Holland (Hefte zur Bayerischen Geschichte und Kultur 28) Augsburg 2003; Joachim Wild, Holland: Die Wittelsbacher an der Nordsee (1346-1436), in: Alois Schmid – Katharina Weigand (Hg.), Bayern – mitten in Europa, München 2005, S. 92-106. – Prof. Dr. Dick de Boer (Groningen) hat eine erste umfassende Untersuchung über dieses ungewöhnliche Herrschaftsgebilde in Arbeit.
234 Sigmund Riezler, Geschichte Baierns III (Geschichte der europäischen Staaten 20/3), Gotha 1889, S. 268. Zum wirtschaftlichen Austausch: Eckart Schremmer, Die Wirtschaft Bayerns. Vom hohen Mittelalter bis zum Beginn der Industrialisierung: Bergbau – Gewerbe – Handel, München 1970, S. 172.

hinterlassen hat. Sicher ist, dass trotz der großen Entfernung zwischen beiden Herrschaftsteilen notwendigerweise eine Kommunikation und sogar eine gewisse Interaktion in Gang kam. Dabei war es keineswegs so, dass die Kulturströme einseitig von den urbanisierten Nordseeherrschaften ins agrarisch geprägte Niederbayern geführt hätten. Fast gleichgewichtig sind die Gegenbewegungen. Die Verbindungslinien verliefen in beide Richtungen. Verwaltungspersonal aus dem Niederbayerischen trug wittelsbachische Administrationsprinzipien an die Nordsee. Umgekehrt wurden im Donauraum Eigenheiten des flandrischen Städtebaus aufgegriffen. Das eindrucksvollste Beispiel ist der Herzogssaal in der niederbayerischen Hauptstadt Straubing, dessen ungewöhnliche Deckenkonstruktion an einen umgekehrten Schiffsrumpf erinnert. Vor allem der kraftvolle Herzog Albrecht I. führte beide entfernte Herrschaftsteile zu einer echten Blüte.

Dennoch hatte dieses ungewöhnliche Herrschaftsgebilde keine Zukunft. Die Entwicklung lief mit der Ausbildung von Hausmacht und der Festigung der Territorien in die entgegengesetzte Richtung. Nach fast einem dreiviertel Jahrhundert endete das Regiment der bayerischen Wittelsbacher in diesem abseits gelegenen Herrschaftsraum. Es endete nach harten innerdynastischen Auseinandersetzungen zwischen Johann III. mit seiner kämpferischen Nichte Jakobäa mit dem erbenlosen Tod Johanns im Jahre 1425 durch einen Giftbecher. 1429 verzichtete auch Jakobäa, die in zweiter Ehe mit Herzog Johann IV. von Brabant verheiratet gewesen war, auf ihre Ansprüche. Letztlich ist sie am Problem der weiblichen Thronfolge, die umstritten blieb, gescheitert. In den folgenden Auseinandersetzungen um das Erbe konnten sich die uneinigen und deswegen in ihrer Stoßkraft gelähmten bayerischen Wittelsbacher nicht mehr durchsetzen. Der ungewöhnliche Herrschaftskörper zerfiel. Ein im Jahr 1432 in Angriff genommenes Heiratsprojekt zwischen dem Münchner Erbprinzen Albrecht III. und der schillernden Jakobäa kam nicht mehr zustande. Die Gebiete an der Nordsee wurden auffallend widerstandslos aufgegeben. Schon der große Landeschronist Johannes Aventinus brachte dafür überhaupt kein Verständnis auf; den Verlust Hollands prangert er als eine der schlimmsten Einbußen seines Heimatlandes an, zumal er für ihn keinen anderen Grund als schändliche Feigheit finden kann: „kriegten die fürsten heroben umb Straubing, liessen die Niderland, so gar viel besser warn, farn; weret der krieg bis in das fünft jar"[235]. Die Wittelsbacher konzentrierten ihre politischen Aktivitäten ganz auf die Abrundung und den Ausbau der Kernlande im Alpenvorland. Die Nordseeherrschaften gelangten mit

---

235 Johannes Turmair's genannt Aventinus Sämtliche Werke V, hg. von Matthias Lexer, München 1886, S. 561; auch I, München 1881, S. XXXIf.: *ignavia Boiorum*. Vgl. Dorit-Maria Krenn, Das Ende des Herzogtums Niederbayern-Straubing-Holland und die Neuordnung im niederbayerischen Landesteil, in: Huber – Prammer (Hg.), Herzogtum Niederbayern – Straubing-Holland (wie Anm. 230), S. 347-375.

dem Haager Vertrag von 1433 fast kampflos an das Haus Burgund. Nun begann die glanzvolle Ära des Hauses Burgund, das die Erinnerung an die bayerische Zeit, ungeachtet der bestehenden genealogischen Verbindungen, rasch verdrängte. An diese wittelsbachischen Jahre an der Nordsee erinnern nur noch Spuren der Herzogsgräber in Quesnoy, Valenciennes und Mons, die freilich durchwegs zerstört sind[236]. Insgesamt ist die Geschichte dieses ungewöhnlichen Herrschaftsgebildes noch nicht hinreichend erforscht. Doch ist sicher, dass hier das friedliche Zusammenleben sehr unterschiedlicher Völker zum beidseitigen Nutzen mit bemerkenswertem Erfolg praktiziert wurde.

Die von Ludwig dem Bayern auf dem Wege der Heiratspolitik erworbenen wittelsbachischen Herrschaften an der Nordsee fielen 1433 an das expandierende Burgund. In Bayern wurden sie freilich nicht vergessen. Die Wappen der Nordseegrafschaften tauchen auch im Umkreis des wittelsbachischen Wappens auf (Abb. 9); damit sollte natürlich ein Anspruch dokumentiert werden[237]. Als Herzog Karl der Kühne 1477 starb, entsann man sich in Bayern sofort dieser früheren Verhältnisse und suchte nach Wegen, dort wieder Fuß zu fassen. Der machtbewusste Herzog Ludwig der Reiche von Niederbayern und Albrecht IV. von Oberbayern (Abb. 10) verbündeten sich zu diesem Zweck in einem Vertrag (9. Februar 1477) und entsandten sofort eine hochrangig besetzte Gesandtschaft nach Den Haag, die den Anfall der Niederlande an Burgund als unrechtmäßig bezeichnete und bayerische Erbansprüche mit Nachdruck wieder zur Geltung brachte[238]. Sie forderte die Rückgabe an das Herzogtum, die bestens zu den expansionistischen Grundtendenzen dieser Jahre passt. Mit großem Einsatz wurde vor allem mit den dortigen Ständen verhandelt. Doch waren alle Anstrengungen vergeblich. Das Erbe kam an das aufstrebende Haus Habsburg, das hinter seine Ansprüche größeren Nachdruck zu setzen vermochte. Auch diese diplomatische Niederlage im Nordseeraum trug dazu bei, das Verhältnis zwischen den Nachbarn auf lange Dauer ernsthaft zu belasten. Notwendigerweise rückte der Nordseeraum nun an den Rand des Gesichtskreises der süddeutschen Beobachter, die

---

236 Glaser (Hg.), Die Zeit der frühen Herzöge II (wie Anm. 224), S. 239-241 Nr. 363-364.
237 Wilhelm Volkert, Die Bilder in den Wappen der Wittelsbacher, in: Glaser (Hg.), Wittelsbach und Bayern I (wie Anm. 224), S. 13-27, bes. 15f. mit Abb. 5; Paul Ernst Rattelmüller, Die Wappen von Bayern, München 1989, S. 29.
238 Riezler, Geschichte Baierns III (wie Anm. 234), S. 449-451; Reinhard Stauber, Herzog Georg der Reiche von Bayern-Landshut und seine Reichspolitik. Möglichkeiten und Grenzen reichsfürstlicher Politik im wittelsbachisch-habsburgischen Spannungsfeld zwischen 1470 und 1505 (Münchener Historische Studien Abt. Bayerische Geschichte 15), Kallmünz 1993, S. 114.

ihn hauptsächlich unter der Perspektive von Handelsbeziehungen betrachteten und die früheren Sympathien nicht mehr aufbrachten[239].

Kurfürst Max Emanuel als Generalgouverneur der Spanischen Niederlande

Diese Niederlage im Nordseeraum schmerzte die bayerischen Wittelsbacher sehr. Deswegen wurde sie nicht vergessen. Zur Entladung kam die dadurch ausgelöste Verstimmung ein nächstes Mal unter Kurfürst Max Emanuel (1679-1726) (Abb. 11). Ausgangspunkt war die Ernennung des in den Türkenkriegen als Feldherrn bewährten Kurfürsten von Bayern Max Emanuel zum Generalstatthalter der Spanischen Niederlande durch König Karl II. im Jahre 1691. Von 1692 bis 1701 übte der Kurfürst von Bayern dieses Amt aus[240]. Über neun Jahre hinweg hielt er sich damals in den Spanischen Niederlanden auf und regierte von hier aus auch seine Stammlande. Brüssel wurde seine Hauptresidenz, in der er glanzvollen und kostspieligen Hof hielt. In den Jahren der Statthalterschaft hat Max Emanuel seinen militärischen Ruhm als Feldherr durch die Wiedereroberung von Namur 1695 noch einmal vermehrt. Vor allem verschaffte er sich hohe Anerkennung durch den Wiederaufbau Brüssels nach dem verheerenden Bombardement durch die Franzosen[241]. Die Grand' Place legt noch heute ein eindrucksvolles Zeugnis seiner Tätigkeit ab. In dankbarer Erinnerung an diese Wohltaten hat die Bürgerschaft einen Platz und einen Straßenzug mit dem ehrenden Zusatz „de Bavière" versehen.

Die Statthalterschaft wurde erneut wirksam, als Max Emanuel von den Österreichern im Rahmen des Spanischen Erbfolgekrieges aus seinen Stammlanden vertrieben wurde[242]. Nun wurde Brüssel für den ins Exil abgedrängten wittelsbachischen Kurfürsten sogar seine Hauptresidenz, wo er in Wiederaufnahme der Statthalterschaft mit seinem Hof Unterschlupf fand. Von hier aus versuchte er auch seine Stammlande zu regieren. Doch bereitete die für den

---

239 Christl Karnehm, Die Korrespondenz Hans Fuggers von 1566 bis 1594: Regesten der Kopierbücher aus dem Fuggerarchiv 1582-1594 (Quellen zur Neueren Geschichte Bayerns III) 3 Bände, München 2003 mit zahllosen, meist kurzen Einzelbelegen.
240 Ludwig Hüttl, Max Emanuel, der Blaue Kurfürst (1679-1726). Eine politische Biographie, München 1976, S. 193-228; Reginald de Schryver, Max II. Emanuel von Bayern und das spanische Erbe. Die europäischen Ambitionen des Hauses Wittelsbach 1665-1715 (Veröffentlichungen des Instituts für europäische Geschichte Mainz 156), Mainz 1996. – Derartige Pläne wurden bereits zur Zeit Herzog Albrechts V. erwogen: Benno Hubensteiner, Bayern und Spanien, in: Karl Rüdinger (Hg.), Gemeinsames Erbe, München 1959, S. 89-104, hier 92f.
241 Hubert Glaser (Hg.), Kurfürst Max Emanuel. Bayern und Europa um 1700, 2 Bände, München 1976.
242 Sigmund Riezler, Geschichte Baierns VIII (Geschichte der europäischen Staaten 20/8) Gotha 1914, S. 3-213.

Kurfürsten ungünstige militärische Entwicklung seinem Aufenthalt in Brüssel schon nach kurzer Zeit ab 1706 ein Ende. Die späten Jahre des Erbfolgekrieges musste er unstet in Mons, Namur, Compiègne und anderen Städten dieses Raumes verbringen. Dennoch stellen die Jahre Max Emanuels die engste und wirkungsvollste Verklammerung Bayerns mit den Gebieten an der Nordsee dar. Deswegen haben sie sich auch tief in das allgemeine Bewusstsein eingegraben. Brüssel erhielt Bedeutung für die wittelsbachische Familiengeschichte. Hier wurde der Sohn und Nachfolger Max Emanuels, Karl Albrecht, 1697 geboren[243]. Der unglückliche Erbe des Spanischen Weltreiches Ludwig Ferdinand fand in dieser Stadt zusammen mit einem weiteren 1695 hier geborenen Prinzen seine frühe letzte Ruhestätte. Der Dom zu Brüssel beherbergt also auch zwei Wittelsbachergräber[244]. Die Brunnenfigur des Menneken gilt als das bis heute sichtbare Symbol des Aufenthaltes des Kurfürsten in dieser Stadt; er hat ihr das erste Kleid geschenkt. In den Jahren der Generalstatthalterschaft gelangte Comte d'Albert Fürst Grimberghen in die Umgebung des Kurfürsten, der in der Folgezeit eine der Schlüsselfiguren in der Außen- und Finanzpolitik Max Emanuels blieb[245]. Auch nach der Rückkehr nach Bayern gehörte der Herr auf Schloss Grimberghen bei Brüssel immer zur nächsten Umgebung des Kurfürsten. Brüssel sollte das Zentrum des von Max Emanuel erträumten Königreiches der Wittelsbacher werden. Notfalls war er sogar zur Vertauschung seiner Erblande gegen dieses Wunschland bereit[246].

Doch gingen die hohen Erwartungen des Kurfürsten nicht in Erfüllung. Das militärische Ergebnis des Spanischen Erbfolgekrieges holte den Gescheiterten rasch auf den ernüchternden Boden der Tatsachen zurück. Dennoch wirkten seine hochfliegenden Pläne auch in seinen Stammlanden nach. Auf diesem Wege sind hochwertige Kulturgüter aus dem Nordseeraum nach Altbayern gelangt. So wurden die Repräsentationsräume im Schloss Schleißheim und anderen höfischen Gebäuden gerade mit Brüsseler Wandteppichen ausgestattet[247]. Max

---

243 Peter Claus Hartmann, Karl Albrecht – Karl VII. Glücklicher Kurfürst – unglücklicher Kaiser, Regensburg 1985, S. 19-23.
244 Hans Rall, Wittelsbacher Lebensbilder von Kaiser Ludwig bis zur Gegenwart. Führer durch die Münchner Fürstengrüfte mit Verzeichnis aller Wittelsbacher Grablegen und Grabstätten, München 1980, S. 142.
245 Peter Claus Hartmann, Comte d'Albert – Fürst Grimberghen. Ein kurbayerischer Offizier, Geheimrat und Diplomat aus hohem französischem Adel, in: ZBLG 41 (1978), S. 529-545.
246 Ernst J. Hanfstaengl, Europa und das belgisch-bayerische Tauschprojekt im 18. Jahrhundert, Diss. phil. München 1928.
247 Angela Völker, Die Tapisserieankäufe des Kurfürsten Max Emanuel und die Anfänge der Münchner Wandteppichmanufaktur, in: Glaser (Hg.), Max Emanuel I (wie Anm. 241), S. 265-273.

Emanuel begann in München im Jahre 1718 eine eigene Gobelinmanufaktur zu betreiben, die aber nur kurze Zeit Bestand hatte[248].
In den Nordseelanden hatte sich der Kurfürst außerdem eine ungewöhnliche Vorliebe für das Wasser angeeignet. Vor allem lernte er das Verkehrssystem der Kanäle kennen und schätzen. Der Zeremonialspaten im Stadtmuseum Brüssel erinnert noch heute an seine diesbezüglichen Initiativen[249]. Solche Wasserstraßen wollte er auch in der Heimat verfügbar haben. Deswegen holte er seinen Hofarchitekten Henrico Zuccalli 1695 zu Studienzwecken nach Brüssel und Holland. Nach diesem nördlichen Vorbild ließ er auch in der Umgebung von München den Bau eines umfangreichen Kanalnetzes beginnen. Es sollte im ebenen Moorgebiet den Charakter einer holländischen Landschaft erzeugen. Auch der Schlosspark von Schleißheim wurde am Vorbild holländischer Gärten ausgerichtet. „Von ihnen hat sich Kurfürst Max Emanuel als Statthalter der Niederlande seit 1692 so stark beeindrucken lassen, dass er ihre Gestalt auch für die „holländische" Flachlandschaft des Schleißheimer Moores einzig angemessen hielt"[250]. Der Schleißheimer Kanal war der erste, den der Kurfürst errichten ließ. Von ihm aus wurde das Netz beständig weiter ausgebaut, bis es schließlich einen Umfang von etwa 40 Kilometern erreichte (Abb. 12). Letztlich schwebte dem Kurfürsten ein Kanalsystem vor, das alle seine Schlösser verbinden sollte: Schleißheim, Dachau, Nymphenburg, die Stadtresidenz. Das Wasser wurde von den drei Flüssen in und um München (Isar, Amper und Würm) bezogen. Stolz setzte der Kurfürst das System für die Prunkschifffahrt ein. Er liebte es, vom Pferd auf das Boot umzusteigen und sich auf Wasserwegen durch sein Land rudern zu lassen. Das Kanalsystem besteht bis heute, ist freilich wegen der vielfachen Überbauung nur noch wenigen Fachleuten erkenntlich. Es zeugt vom Versuch des Kurfürsten, ein Stück Holland in den Norden von München zu transferieren[251].

---

248 Ludwig Auer, Geschichte der Seidenindustrie und der Seidenzucht in Bayern. Ein Beitrag zur Kulturgeschichte Münchens von den ersten Anfängen bis zum Zweiten Weltkrieg auf Grund archivalischer Quellen, München-Pasing 1954, S. 12f.; Schremmer, Die Wirtschaft Bayerns (wie Anm. 234), S. 516, 546. Wegen des frühen Zeitpunkts der Gründung nicht behandelt bei: Gerhard Slawinger, Die Manufaktur in Kurbayern. Die Anfänge der großgewerblichen Entwicklung in der Übergangsepoche vom Merkantilismus zum Liberalismus 1740-1833 (Forschungen zur Sozial- und Wirtschaftsgeschichte 8) Stuttgart 1966.
249 Glaser (Hg.), Max Emanuel II (wie Anm. 241), S. 127-129 Nr. 300 (mit Abb.).
250 Gerhard Hojer, Schleißheim: Neues Schloss und Garten, München 1973, S. 30. Zurückhaltender in der Bewertung des holländischen Vorbildes, weil die Arbeiten bereits vor der Statthalterschaft in Angriff genommen wurden: Gabriele Imhof, Der Schleißheimer Schlossgarten des Kurfürsten Max Emanuel von Bayern. Zur Entwicklung der barocken Gartenkunst am Münchner Hof (Miscellanea Bavarica Monacensia 82), München 1979, S. 126-131.
251 Ein Plan: München wie geplant. Die Entwicklung der Stadt von 1158 bis 2008, München 2002, S. 34.

Die Subsidienpolitik Max III. Joseph

Auch nach der Rückkehr des rundum gescheiterten Max Emanuel in seine Residenzstadt München Anfang 1715 wurden die Verbindungen nicht vergessen. Grundziel der Wittelsbacher blieb während des gesamten 18. Jahrhunderts die Ausweitung ihres begrenzten Territoriums und dessen Erhöhung zum Königtum. Vor allem bemühten sie sich um die Überwindung der einengenden Binnenlage und die Gewinnung eines Zuganges zu den Weltmeeren. In diesem Sinne entwickelte man mannigfache Ländertauschprojekte und richtete den Blick in mehrere Länder: Österreich, Böhmen, Ungarn, die Lombardei, Sardinien oder selbst Galizien spielten eine Rolle. Mit besonderer Vorliebe dachte man freilich an die Niederlande, wo man doch noch in die Nachfolge der Könige von Burgund zu treten hoffte. Die Kurfürsten träumten auch weiterhin von einer Krone in einem Königreich, das sie am liebsten an der Nordsee gesehen hätten. Dieses Ziel durchzieht das gesamte 18. Jahrhundert und tritt bei den unterschiedlichsten Gelegenheiten zu Tage.

Doch sollte eine derartige Verbindung zunächst auf der militärischen und finanziellen Ebene verwirklicht werden. Nach dem Ausscheiden des niedergerungenen Kurbayern aus dem Österreichischen Erbfolgekrieg (1740-1748) mit dem Frieden von Füssen stellte sich für den Kurfürsten Max III. Joseph (1745-1777) die Frage, was er mit der vom Vater aufgebauten, zahlenmäßig sehr aufgeblähten und deswegen nicht mehr finanzierbaren Armee tun sollte: entweder gänzlich abbauen oder nur verkaufen? Aus Gründen der absolutistischen Repräsentation entschied er sich für den zweiten Weg. Um sich den Unterhalt für seine beibehaltenen Truppen zu sparen, entschloss er sich zum Verkauf einträglicher Abteilungen[252]. Als Käufer bot sich die Pragmatische Allianz von Österreich, England und den Generalstaaten an. Zum Zweck der leichteren Verständigung begann man in dieser Epoche sogar mit dem Aufbau gegenseitiger Gesandtschaften. Mit Tjaard d'Aylva wurde einer der damaligen Spitzendiplomaten nach München entsandt[253]. Tatsächlich konnte auf dieser Grundlage Kurbayern am 21. Juli 1746 mit den Seemächten einen entsprechenden Subsidienvertrag abschließen, mit dem die Allianz der Seemächte und Österreichs insgesamt 5000 Mann kurbayerischer Soldaten in ihre Dienste übernahm[254]. Die dafür bewilligten Geldsummen aus London und Den Haag stellten für den nicht

---

252 Schmid, Außenpolitik (wie Anm. 171), S. 142-148.
253 Schmid, Außenpolitik, S. 181f.; auch Hans Rall, Kurbayern in der letzten Phase der alten Reichsverfassung 1745-1801 (Schriftenreihe zur bayerischen Landesgeschichte 45), München 1952, S. 188.
254 Alois Schmid, Staatsverträge des Kurfürstentums Bayern 1745-1764 (Schriftenreihe zur bayerischen Landesgeschichte 95), München 1991, S. 41-48 Nr. 6. Vgl. Joseph von Stichaner, Geschichte der bayerischen Subsidien vom Jahre 1740 bis 1752, München 1842, S. 6f.

mehr finanzierbaren Militärhaushalt eine spürbare Erleichterung dar[255]. Sie verschafften vor allem dem mittellosen Kurfürsten wieder politische Handlungsfreiheit. Freilich stieß der Kontrakt mit den andersgläubigen „Käskrämern" bei patriotisch gesinnten Gruppierungen auf Widerstand[256]. Für weitere Verstimmung sorgte die Praxis der Finanzzuweisungen. Denn nur die ersten Raten wurden vereinbarungsgemäß zugestellt. Als sich der Krieg dem Ende zuneigte, wurden die Zahlungen immer mehr gedrosselt. Auch eine erhöhte Zahlung am Kriegsende konnte nicht verdecken, dass der Vertrag insgesamt nicht eingehalten wurde[257]. Diese Subsidienpolitik war für den Kurfürsten eine Notwendigkeit, im Lande freilich wegen der damit verbundenen Schwierigkeiten nicht unumstritten.

Das verkaufte Militärkorps in Stärke von 5000 Mann verließ Ende 1746 die heimatlichen Sammelpunkte und marschierte an die Nordsee[258]. Dort kämpften auch nach dem politischen Ausscheiden Kurbayerns aus dem Krieg bayerische Soldaten im Dienst der Pragmatischen Koalition. Sie wurden von dieser vor allem im kriegsentscheidenden und deswegen mit besonderer Erbitterung geführten Kampf um die wichtigen Festungen Lüttich und Brüssel gegen die offensiven Franzosen eingesetzt. Besonders verlustreich war der Kampf um Rocourt[259]. Das war dem Kurfürsten nicht unwillkommen, weil er damit an alte Ansprüche anknüpfen konnte. Freilich sollte das Unternehmen mit einem großen Fiasko enden. Das Auxiliarkorps wurde im Brennpunkt des Kriegsgeschehens förmlich verheizt und wirklich zum Großteil aufgerieben. Von den abgegebenen 5000 Mann ist gerade noch ein Viertel zurückgekehrt. Die gesamte Aktion ist ein wenig erfreuliches Kapitel der bayerischen Militärgeschichte und steigerte am Münchner Hof die herkömmliche Verbitterung gegenüber dem Wiener Kaiserhof weiter[260]. Der Ärger wurde vermehrt, als die vertraglichen

---

255 Schmid, Außenpolitik, S. 198f. Vgl. auch Adolf Beer, Holland und der österreichische Erbfolgekrieg, in: Archiv für österreichische Geschichte 46 (1871), S. 297-418.
256 Johann Kaspar von Thürriegel, Der glückliche bayerische Eisenamtmann oder merckwürdige Lebensgeschichte des ... Herrn von Gschray, Frankfurt-Leipzig-München 1765, S. 29f.; Fritz Hilble, Die Reindlsche Chronik von München von 1403 bzw. 1580 bis 1756, in: Oberbayerisches Archiv 97 (1973), S. 423. S. Anhang 2.
257 S. Anhang 3.
258 Karl Staudinger, Geschichte des kurbayerischen Heeres unter Karl Albrecht – Kaiser Karl VII. – und Kurfürst Max III. Joseph 1726-1777 (Geschichte des bayerischen Heeres 3), München 1909, S. 901-961; Wolfgang Handrick, Der bayerische Löwe im Dienst des österreichischen Adlers. Das kurfürstliche Auxiliarkorps in den Niederlanden 1746-1749, in: Militärgeschichtliche Mitteilungen 50 (1991), S. 25-60.
259 Staudinger, Geschichte des kurbayerischen Heeres III/2, S. 907-911; Friedrich Anton Wilhelm Schreiber, Max Joseph III., der Gute, Kurfürst von Bayern, München 1863, S. 16-23.
260 BayHStA, Kasten schwarz 7580, 15 589. Vgl. Schmid, Außenpolitik, S. 194-196. Viele Bezüge: Die Berichte der diplomatischen Vertreter des Kaiserhofes aus München an die Staatskanzlei zu Wien während der Regierungszeit des Kurfürsten Max III. Joseph, 2 Bände, hg. unter Mit-

Subsidienzahlungen weder vom Kaiserhof noch von den Generalstaaten eingehalten wurden[261]. Die Ausführung des Truppenkontrakts war Ursache beständiger Spannungen zwischen den Bündnispartnern. Die Auseinandersetzungen erreichten ihren Höhepunkt im Umfeld des Friedenskongresses von Aachen 1748. Grundziel des Münchner Hofs wurde die Entschädigung für den Verlust der Kaiserkrone an das Haus Habsburg. Gerade in diesem Zusammenhang pochte man auf Territorialkompensationen, die unter anderem in den Österreichischen Niederlanden erwartet wurden. Doch sorgte vor allem der Wiener Kaiserhof dafür, dass über diese Ansprüche nicht ernsthaft verhandelt wurde. Die wittelsbachischen Forderungen wurden gezielt unterdrückt, zumal auch keine andere der europäischen Großmächte zur Unterstützung gewonnen werden konnte[262]. Unterschwellig blieben die Ansprüche dennoch erhalten und wurden zumindest in der internen Diskussion beständig zur Geltung gebracht. Sie veranlassten den Münchner Hof, das Vertragswerk von 1746 angesichts der fortdauernden Finanznöte im Jahre 1750 noch einmal um sechs Jahre zu verlängern[263]. Zehn Jahre lang, von 1746 bis 1756, stand also der Münchner Kurhof durch zwei Subsidienverträge in enger Verbindung mit den Generalstaaten und sogar in deren Sold. Da die Vertragspartner ihre Verpflichtungen nicht erfüllten und einen beträchtlichen Teil der zugesagten Gelder nicht überwiesen, mündete die Vertragsbindung immer mehr in Enttäuschung und schließlich sogar in Entzweiung. Die Folge war eine sofortige politische Wendung Kurbayerns, als dies die politische Lage erlaubte. München kehrte im Jahre 1756 mit der Konvention von Versailles ins französische Lager zurück und trat in den Siebenjährigen Krieg auf der Seite Frankreichs ein[264].

Die Tauschpläne Karl Theodors

Mit dem Siebenjährigen Krieg (1756-1763) war Europa kriegsmüde geworden. Eine breite Friedenssehnsucht setzte einen Schlusspunkt hinter das Zeitalter der Außenpolitik mit Geld[265]. Dadurch trennten sich notwendigerweise auch die

---

arbeit von Dietmar Grypa von Alois Schmid, 2 Bände (Quellen zur Neueren Geschichte Bayerns 2), München 2000.
261 Schmid, Außenpolitik, S. 199, 324.
262 Schmid, Außenpolitik, S. 225-235.
263 Schmid, Staatsverträge (wie Anm. 254), S. 68-73 Nr. 11. Vgl. Schmid, Außenpolitik, S. 225-235.
264 Theodor Bitterauf, Die kurbayerische Politik im siebenjährigen Kriege, München 1901; Schmid, Außenpolitik, S. 373- 475.
265 Peter Claus Hartmann, Geld als Instrument europäischer Machtpolitik im Zeitalter des Merkantilismus. Studien zu den finanziellen und politischen Beziehungen der Wittelsbacher Territori-

Wege Kurbayerns und der Seemächte England und der Generalstaaten. Dennoch traten diese alten Verbindungen in der nächsten Generation noch einmal sehr in den Vordergrund. Der Kurfürst von Pfalzbayern Karl Theodor (1777-1799) (Abb. 13) kehrte zu den Tauschplänen der Vorgänger zurück. Er war auf Schloss Drogenbosch bei Brüssel geboren worden und dort unter der Obhut seiner Urgroßmutter aufgewachsen[266]. Das Grundziel des nach dem Kaiser mächtigsten Mannes im Reich war der Aufbau eines möglichst ausgedehnten Herrschaftsraumes und der Gewinn einer Königskrone. Er träumte von einem neuen Wittelsbacherreich am Mittel- und Niederrhein sowie an der Nordsee mit den Zentren Brüssel, Düsseldorf und Mannheim[267]. Dort wollte er eine Königskrone erringen. Hauptort dieses angestrebten Traumreiches sollte das glanzvolle Brüssel werden, das für Karl Theodor nach seinen erfreulichen Kinderjahren immer der Inbegriff einer weltmännischen Residenzstadt war. Der wesentliche Schritt dazu musste die Vertauschung Kurbayerns gegen die Österreichischen Niederlande sein. In dieser Gesinnung öffnete er sich den vom Wiener Hof an ihn herangetragenen Ländertauschprojekten[268]. Karl Theodor war bereit, die ungeliebten bayerischen Erblande an das Haus Habsburg, das vor allem nach dem Verlust Schlesiens die Hand danach ausstreckte, abzutreten, wenn ihm dafür hinreichender Territorialersatz an anderer Stelle geboten wurde. Als Äquivalent erschienen Karl Theodor, der ohnehin aus dem mütterlichen Erbe schon Besitzer der kleinen Herrschaften Bergen op Zoom und Ravensberg in den heutigen Niederlanden sowie der Grafschaften Winendal und Gestel im heutigen Belgien und in Jülich, Berg und Cleve Landesherr am Niederrhein war (Abb. 14), am ehesten die einträglicheren Österreichischen Niederlande. Wenn sie mit den pfälzischen Stammlanden vereinigt wurden, dann konnte das der Kern eines mächtigen Herrschaftskomplexes werden, der vom Mittel- bis an den Unterrhein und die Nordsee reichte und zu wesentlich günstigeren Entwicklungsprognosen berechtigte. Damit erreichte er zudem den Zugang zu den Weltmeeren, den die Wittelsbacher das ganze 18. Jahrhundert über anstrebten. Dieses neu zu schaffende Herrschaftsgebilde sollte auch mit einer Königskrone ausgestattet werden. Das waren die Vorstellungen Karl Theodors. Damit traten die Niederlande noch einmal in den Gesichtskreis der pfalzbayerischen Politik.

---

en Kurbayern Kurpfalz und Kurköln mit Frankreich und dem Kaiser von 1715 bis 1740) (Studien zur bayerischen Verfassungs- und Sozialgeschichte 8), München 1978.
266 Hans Rall, Kurfürst Karl Theodor, Regierender Herr in sieben Ländern (Forschungen zur Geschichte Mannheims und der Pfalz NF 8), Mannheim 1993, S. 1-17.
267 Rall, Karl Theodor, S. 159-193, 233-251.
268 Karl Otmar Frhr. von Aretin, Karl Theodor (1777-99) und das bayerische Tauschprojekt. Ein Beitrag zur Geschichte der bayerischen Staatlichkeit der Montgelaszeit, in: ZBLG 25 (1962), S. 745-800; Michael Elicker, Verfassungsfragen der Sukzession Karl Theodors in Bayern und des bayerisch-niederländischen Tauschprojekts, in: ZBLG 68 (2006), S. 124-149.

Der namhafteste Literat und angesehenste Historiker des Landes, Lorenz von Westenrieder, untermauerte die Ansprüche des Kurfürsten mit historischen Argumenten; er hielt am 4. November 1782 vor der obersten wissenschaftlichen Institution im Lande anlässlich des Namenstages des Landesherrn einen Vortrag über die „Baiern in Holland"[269] (Abb. 15). Westenrieder vermied in diesem frühen Beitrag zur Geschichtswissenschaft allzu konkrete politische Bezüge; dennoch sind sie nicht zu verkennen. Er bemühte sich um die Verdeutlichung einer inneren Zusammengehörigkeit der beiden Völker. Er stelle eine natürliche „Verwandtschaft" mit „unseren alten, lieben Landesverwandten", etwa in der Form einer „Landsmannschaft des Fleißes", heraus. Pausenlos operierte er mit diesem Begriff der „Verwandtschaft", die die entfernten Nationen miteinander verbinde, so dass er schon einleitend von „unseren baierischen Holländern" sprechen konnte, die mehr als nur Freunde seien, weil sie „gute Gesinnungen für uns, und alle Fälle, die uns betreffen", empfänden und den Bayern durch eine alte „Landsmannschaft" zugetan seien. Das Thema war ihm „eine wichtige Episode auf der Schaubühne der Welt" und „einer gemeinschaftlichen Aufmerksamkeit würdig". Ohne Zweifel bereitete Westenrieder mit dieser Rede der Politik des neuen Landesherrn den Boden. Freilich war der Hintergrund damals ein ganz anderer als zu den Zeiten Max Emanuels. Nunmehr wurde ein förmlicher Länderschacher zur Befriedigung des Ehrgeizes Karl Theodors angestrebt, dem am ererbten Bayern wenig lag. Deswegen war er zur völligen Preisgabe bereit. Die Voraussetzungen für ein Gelingen dieses Planes waren durchaus günstig.

Über dieses Ländertauschprojekt wurde in den Jahren 1777 und 1778 und dann noch einmal 1784 intensiv zwischen den Höfen zu München und Wien sowie anderen Großmächten verhandelt[270]. Es wurden mehrere Möglichkeiten erwogen. Zu einem Abschluss ist man aber nicht gekommen. Diesen verhinderten starke Gegenkräfte im Kurfürstentum Bayern von Seiten der Patrioten, die sich allen Ländertauschplänen entschieden versperrten. Dem Kaiser erschien das bayerische Bauernland letztlich doch als zu ungleichwertige Gegengabe, die die reichen Niederlande nicht aufwog. Vor allem stand den Tausch-

---

269 Von den Baiern in Holland. Eine Rede an dem höchsterfreulichen Namenstage Sr. Churfürstl. Durchlaucht Karl Theodor auf dem akademischen Saale öffentlich abgelesen vom Professor Westenrieder den 4. November 1782, München 1782 (zu finden bey Churf. Akademie der Wissenschaften), 35 Seiten. Vgl. Andreas Kraus, Die historische Forschung an der Churbayerischen Akademie der Wissenschaften 1759-1806 (Schriftenreihe zur bayerischen Landesgeschichte 59), München 1959, S. 100, 227; Werner Haefs, Aufklärung in Altbayern. Leben, Werk und Wirkung Lorenz Westenrieders, Neuried 1998, S. 1064 Nr. 30. S. Anhang 1.
270 Hanfstaengl, Tauschprojekt (wie Anm. 246); von Aretin, Karl Theodor und das bayerische Tauschprojekt (wie Anm. 268); Angela Kulenkampf, Österreich und das Alte Reich. Die Reichspolitik des Staatskanzlers Kaunitz unter Maria Theresia und Joseph II., Köln-Wien-Weimar 2005, S. 68-102.

plänen das immer um das Reichsherkommen besorgte Gleichgewichtsdenken des 18. Jahrhunderts im Wege. Niemand wollte allzu große Machtverschiebungen. Das galt am wenigsten für die Wittelsbacher, in deren Königsplänen man andauernd eine Bedrohung sah. Deswegen wurde mit unterschiedlicher, freilich abnehmender Intensität über das Problem weiterverhandelt. Die Gespräche zogen sich über Jahre hin, bis die Niederlande 1789 die österreichische Herrschaft abschüttelten. Schließlich entzogen der Einmarsch der französischen Revolutionstruppen und die Okkupation aller linksrheinischen Gebiete allen Tauschplänen die territoriale Grundlage. Napoleon schuf mit der Besetzung des linken Rheinufers gänzlich veränderte Voraussetzungen. Er gab Mitteleuropa eine völlig neue politische Ordnung, in der für einen Ausgriff Bayerns an die Nordsee endgültig keine Möglichkeit mehr bestand. Damit mussten die Herrscher Bayerns Abschied von einer Lieblingsidee nehmen, die sie mehrfach mit großem Einsatz verfolgt hatten: dem Gewinn einer Königskrone in einem Königreich an der Nordsee.

Kulturelle Beziehungen

Der Blick wurde bisher auf die Politik konzentriert. Sie ist aber gewiss nicht die einzige Ebene, auf der Verbindungen Bayerns zum Raum der Benelux-Länder nachzuweisen sind. Weiterhin ist vor allem der Bereich der Kultur in die Betrachtung einzubeziehen. Sie soll zumindest in Kürze gestreift werden, indem die entscheidenden Bereiche stichpunktartig angesprochen werden. Die spätmittelalterliche Religiosität erhielt bis hinunter ins Voralpenland entscheidende Impulse von der niederländischen Devotio moderna[271]. Die Gegenreformation in Süddeutschland ist untrennbar verbunden mit den Namen der Brüder Petrus und Heinrich Canisius aus Nijmegen[272] sowie des Aegidius Albertinus aus Deventer[273]. Orlando di Lasso aus Mons im Hennegau hob die Musikpflege des bayerischen Hofes im Zeitalter der Renaissance auf europäisches Niveau[274]. Um

---

271 Regnerus Richardus Post, The Modern Devotion. Contradiction with Reformation and Humanism, Leiden 1968.
272 Engelbert M. Buxbaum, Petrus Canisius und die kirchliche Erneuerung des Herzogtums Bayern 1549-1556, Rom 1973; Peter Rummel (Hg.), Petrus Canisius, Reformer der Kirche. Festschrift zum 400. Todestag (= Jahrbuch des Vereins für Augsburger Bistumsgeschichte 30) 1996; Rainer Berndt (Hg.), Petrus Canisius SJ (1521-1597), Humanist und Europäer (Erudiri sapientia. Studien zum Mittelalter und zu seiner Rezeptionsgeschichte 1), Berlin 2000.
273 Guillaume van Gemert, Die Werke des Aegidius Albertinus (1560-1520). Ein Beitrag zur Erforschung des deutschsprachigen Schrifttums der katholischen Reformbewegung in Bayern um 1600 und seiner Quellen, Amsterdam 1979.
274 Horst Leuchtmann, Orlando di Lassos Biographie: Rätsel und Fragen, in: ZBLG 37 (1974), S. 207-219.

1600 gaben in München die Niederländer den Ton in vielen Bereichen an[275]. Samuel Quicchelberg legte in München zukunftweisende Grundlagen der europäischen Museumskultur. Die Gemälde von Rubens machen zusammen mit weiteren Bildern bis heute die vielbeachtete Abteilung der Niederländischen Meister der Bayerischen Staatsgemäldesammlungen aus[276]. Johann Tserclaes von Tilly[277] wurde einer der wichtigsten Feldherrn der bayerischen Geschichte. Der Festungsbau in Bayern orientierte sich stark am niederländischen Vorbild[278]. Die Bemühungen um den Aufbau einer Teppichmanufaktur in München sind im späteren 16. und früheren 17. Jahrhundert wesentlich mit dem niederländischen Vorbild verbunden; vor allem Hans von der Biest ist hier zu nennen[279]. Der große niederländische Philologe Justus Lipsius stand auch mit den oberdeutschen Späthumanisten in regem fachlichen Austausch[280]. Dabei ging es vor allem um die rechte Schreibart in der Literatur: Inwieweit musste sie sich an Cicero orientieren oder durfte man sich mehr an den künstlerisch ambitionierten Stil von Lipsius anlehnen? Damit ist der sogenannte Ciceronianismusstreit angesprochen, der also über die Konfessionsgrenzen hinweg ausgetragen wurde. Die Auseinandersetzungen wurden in der nächsten Generation unter Jan Scaliger weitergeführt, mit dem bayerische Gelehrte ebenfalls Briefe wechselten. Wissenschaftler aus Bayern unterhielten einen regen literarischen Austausch mit den Niederlanden, die damals das Zentrum der philologischen Studien in Europa

---

275 Thea Vignau-Wilberg, In Europa zu Hause: Niederländer in München um 1600, München 2005.
276 Wolf-Dieter Dube, Alte Pinakothek München, Paris 1975, S. 114-127.
277 Georg Gilardone, Der Heilige im Harnisch, München 1932; Bernd Rill, Tilly, Feldherr für Kaiser und Reich, München 1984; Michael Kaiser, Politik und Kriegführung. Maximilian von Bayern, Tilly und die Katholische Liga im Dreißigjährigen Krieg (Schriften der Vereinigung zur Erforschung der Neueren Geschichte 28), Münster i.W. 1999.
278 Heinz Dollinger, Studien zur Finanzreform Maximilians I. von Bayern 1598-1618. Ein Beitrag zur Geschichte des Frühabsolutismus (Schriftenreihe der Historischen Kommission bei der Bayerischen Akademie der Wissenschaften 8), Göttingen 1968, S. 267, 573 Anm. 237; Lucia Longo, Die Herkunft Alexander von Grootes. Ein Fortifikationstheoretiker im Dienst Herzog Maximilians I. von Bayern, in: ZBLG 45 (1982), S. 663-668.
279 Brigitte Volk-Knüttel, Wandteppiche für den Münchener Hof nach Entwürfen von Peter Candid (Bayerisches Nationalmuseum München Forschungshefte 2), München-Berlin 1976; Glaser (Hg.), Wittelsbach und Bayern I/2 (wie Anm. 224), S. 259-262. Bemerkenswert ist, dass der Otto I.-Wandteppich die niederländische Herkunft der Gemahlin Agnes von Loon leugnet und Agnes zu einer Tochter des einheimischen Grafen von Wasserburg macht: Volk-Knüttel, Wandteppiche, S. 137 Nr. 16. Eine in der älteren Literatur angenommene zweite Ehe Ottos mit einer Agnes von Wasserburg ist nicht belegt: Sigmund Riezler, Geschichte Baierns II (Geschichte der europäischen Staaten 20/2), Gotha 1880, S. 18.
280 Alois Schmid (Hg.), P. Matthäus Rader (Bayerische Gelehrtenkorrespondenz 1) München 1995; ders., P. Matthäus Rader SJ und Justus Lipsius: Aus ihrem Briefwechsel, in: Geschichte in Räumen. Festschrift für Rolf Kießling zum 65. Geburtstag, hg. von Johannes Burkhardt, Thomas Max Safely u. Sabine Ullmann, Konstanz 2006, 261-277.

waren. Der Rang der Wissenschaftspflege an den Universitäten Leiden und Löwen führte viele Studenten auch aus dem katholischen Süden an diese in Blüte stehenden Hohen Schulen, die oftmals auch Ziele von Kavalierstouren wurden[281]. So kann es nicht verwundern, dass die Schriften der Jesuiten Jeremias Drexel und Jacob Balde auch im Nordseeraum viele Leser fanden[282]. Umgekehrt leisteten die Niederländer Peter Candid, Hubert Gerhard und Friedrich Sustris sowie der Wallone François Cuvilliés wichtige Beiträge zur höchst anspruchsvollen Hofkultur Bayerns im Zeitalter der Spätrenaissance und des Absolutismus[283]. Die Postrouten der Fürsten von Thurn und Taxis banden auch Bayern in das von Brüssel aus aufgebaute Postwesen ein[284]. Der Badeort Spa wurde auch von Kurgästen aus Bayern sehr gerne aufgesucht[285]. Nicht zuletzt dort ließen sich wiederholt die von Kinderlosigkeit geplagten Kurfürstinnen behandeln[286].

Wittelsbachische Reichskirchenpolitik

Eines der wichtigsten Kennzeichen der wittelsbachischen Politik war die angestrengte, ohne Zweifel sehr erfolgreiche Reichskirchenpolitik[287]. Sie nahm ihren

---

281 Ein bekanntes Beispiel ist der einflussreiche Geheime Ratskanzler Kreittmayr: Hans Rall, Kreittmayr: Persönlichkeit, Werk, Fortwirkung, in: ZBLG 42 (1979), S. 47-73.
282 Hans Pörnbacher, Die Literatur, in: Max Spindler (Hg.) Handbuch der bayerischen Geschichte II, München ²1988, S. 987, 989.
283 Hermann Bauer, Kunst in Bayern, Rosenheim 1985, S. 91f., 116-119.
284 Schremmer, Die Wirtschaft Bayerns (wie Anm. 234), S. 580; Max Piendl, Das Fürstliche Haus Thurn und Taxis. Zur Geschichte des Hauses und der Thurn und Taxis-Post, Regensburg 1980; Wolfgang Behringer, Die Thurn und Taxis. Die Geschichte ihrer Post und ihrer Unternehmen, München-Zürich 1990.
285 Haus-, Hof- und Staatsarchiv Wien, Staatskanzlei Bayern 8, Bericht des Gesandten Johann Wenzel von Widmann vom 23. Juni 1750. Vgl. Manfred Weitlauff, Kardinal Johann Theodor von Bayern (1703-1763), Fürstbischof von Regensburg, Freising und Lüttich. Ein Bischofsleben im Schatten der kurbayerischen Reichskirchenpolitik, in: Beiträge zur Geschichte des Bistums Regensburg 4 (1970), S. 1-634, hier 186, 276, 356, 359, 399, 567, 597; Schmid, Außenpolitik, S. 308, 332, 344.
286 Schreiber, Maximilian Joseph III., der Gute (wie Anm. 259), S. 271f.
287 Manfred Weitlauff, Die Reichskirchenpolitik des Hauses Bayern im Zeitalter gegenreformatorischen Engagements und bayerisch-österreichischen Gegensatzes, in: Hubert Glaser (Hg.), Um Glauben und Reich: Maximilian I. Beiträge zur bayerischen Geschichte und Kunst I (Wittelsbach und Bayern II/1), München-Zürich 1980, S. 40-47; ders., Die Reichskirchenpolitik des Kurfürsten Max Emanuel von Bayern im Rahmen der reichskirchlichen Bestrebungen seines Hauses, in: Glaser (Hg.), Max Emanuel I (wie Anm. 241), S. 67-87; ders., Die Reichskirchenpolitik des Hauses Bayern unter Kurfürst Max Emanuel (1679-1726) I: Vom Regierungsantritt Max Emanuels bis zum Ausbruch des Spanischen Erbfolgekrieges (1679-1701) (Münchener Theologische Studien I/24), St. Ottilien 1985; ders., Die bayerischen Wittelsbacher in der Reichskirche, in: Römische Quartalschrift 87 (1992), S. 306-326.

Ausgang von den süddeutschen Stammlanden, griff aber durchaus auch in andere Teile des Heiligen Römischen Reiches aus. Einer der weiteren Schwerpunkte lag im Nordwesten des Reichsgebietes. In diesem Rahmen rückte auch das Bistum Lüttich in den Gesichtskreis der Wittelsbacher[288]. Voraussetzung dafür war die Lage von Bistum und Hochstift Lüttich; es war das nordwestlichste der Hochstifte des Heiligen Römischen Reiches im Einzugsbereich von Frankreich und England. Deswegen konnte auch über die Reichskirche Einfluss in diese Räume ausgeübt werden. Sehr früh richteten die Wittelsbacher deswegen den Blick auch auf Lüttich. Schon 1389 wurde der Wittelsbacher Johann III. designierter Bischof von Cambrai und gewählter Bischof von Lüttich[289]. Doch hat er sich die höheren Weihen nie erteilen lassen und begnügte sich mit dem Status des Elekten. Er nahm aber die damit verbundenen Herrschaftsrechte mit derartiger Rigorosität wahr, dass sich die Bürger Lüttichs gegen den Stadtherrn erhoben. Dieser rang sie freilich in militärischer Schlacht – mit Unterstützung aus den Stammlanden – bei Othée nieder, die ihm den Beinamen „Ohnegnad" einbrachte[290]. Das Bistum Lüttich blieb auch weiterhin im Visier der Wittelsbacher; das gilt vor allen seit der Erringung des Erzbistums Köln 1583. Lüttich wurde ein wichtiger Bestandteil des wittelsbachischen Bistumsreiches im Nordwesten. Es wurde insgesamt fünfmal errungen[291]: Ernst (1581-1612); Ferdinand (1602/12-1650); Max Heinrich (1650-1688); Joseph Clemens (1694-1723); Johann Theodor (1744-1763). In den Jahren von 1581 bis 1763 – also über zwei Jahrhunderte hinweg mit nur zwei Unterbrechungen – saß ein nachgeborener bayerischer Wittelsbacher auf dem Bischofsthron zu Lüttich und war damit Herrscher im Hochstift. Von hier aus versuchte man den Ausgriff in die französischen Nachbarbistümer Lille und Cambrai. Voraussetzung für diese Erfolge war die Behauptung einer Domvikarsstelle und die Sicherung einer wittelsbachischen Partei im Domkapitel[292]. Mit dem Bischofsstuhl wurde zugleich die gefürstete Doppelabtei Stablo-Malmedy errungen[293]. Die leuchtendste Gestalt in der langen Reihe wittelsbachischer Fürstbischöfe war sicherlich Kardinal Jo-

---

[288] Alfred Minke, Bistum Lüttich, in: Erwin Gatz (Hg.), Die Bistümer des Heiligen Römischen Reiches von ihren Anfängen bis zur Säkularisation, Freiburg i.Br. 2003, S. 370-387.
[289] Willem P. Blockmans, Johann von Bayern, in: Lexikon des Mittelalters V (wie Anm. 204), Sp. 510; Erwin Gatz (Hg.), Die Bischöfe des Heiligen Römischen Reiches 1198 bis 1448, Berlin 2001, S. 378f. (Alfred Minke).
[290] Joseph Daris, Histoire du diocèse et de la principautè de Liège III, Liège 1868, S. 23-138.
[291] Minke, Bistum Lüttich (wie Anm. 288), S. 379f.; Alois Schmid, Wittelsbachische Reichskirchenpolitik, in: Walter Brandmüller (Hg.), Handbuch der bayerischen Kirchengeschichte II, St. Ottilien 1993, S. 347f.
[292] Peter Hersche, Die deutschen Domkapitel im 17. und 18. Jahrhundert I, Bern 1984, S. 118-125.
[293] Weitlauff, Kardinal Johann Theodor von Bayern (wie Anm. 285), S. 11, 15, 276 u.ö.

hann Theodor von Bayern (1744-1763)[294]. Dieser letzte große Vertreter der bayerischen Reichskirchenpolitik erlangte als drittes seiner insgesamt drei Bistümer Lüttich. Freilich hielt er sich dort nur selten auf[295]; ähnlich verhielten sich schon seine Vorgänger im Amt. Obwohl die Wittelsbacher nur ausnahmsweise vor Ort residierten, haben sie vor allem wegen ihrer gezielten Durchführung der Gegenreformation deutliche Spuren hinterlassen. Dazu trug auch das mit finanziellen Einsatz unterhaltene Collegium Anglicanum bei. Die Stelleninhaber spielten für die französisch-bayerischen Beziehungen eine wichtige Rolle[296].

Rückblick

Die Revolutionsarmeen Napoleons setzten einen Schlusspunkt hinter ein Jahrtausend, in dem es immer wieder zu Berührungen zwischen Bayern und dem niederländisch-belgischen Raum gekommen war[297]. Die Okkupation der linksrheinischen Gebiete durch Frankreich schuf die Voraussetzungen für eine herrschaftliche Neuordnung Mittel- und Westeuropas, deren wichtigstes Ergebnis für dieses Gebiet die Gründung eines eigenständigen Staates Belgien im Jahre 1830 werden sollte. Die veränderten Gegebenheiten leiten über in ein neues Kapitel der Beziehungen Bayerns zu diesem Raum, die Gegenstand einer eigenen Betrachtung sein müssen. Von der Jahrtausendwende an sind durch alle Jahrhunderte bis zum Untergang des Alten Reiches enge Berührungen und fortdauernde Beziehungen zwischen diesen entfernten Regionen festzustellen. Sie waren im einzelnen von sehr unterschiedlicher Natur und wechselnder Intensität. Sie reichen von mehrmaligen dynastischen Kontakten über die Bereiche Kirche, Kultur, Kunst, Wissenschaft, Militär bis zu politisch-herrschaftlichen Verbindungen, die ihre Höhepunkte zur Zeit König bzw. Kaiser Ludwigs des Bayern und Kurfürst Max Emanuels erreichten. Im Herzogtum Straubing-Holland kam es zu einer frühen direkten Verbindung sogar auf der herrschaftlich-staatlichen Ebene. Gewiss wurden die Schwerpunkte in den Außenbeziehungen des Her-

---

294 Manfred Weitlauff, Kardinal Johann Theodor von Bayern. Fürstbischof von Regensburg, Freising und Lüttich, in: Georg Schwaiger (Hg.), Christenleben im Wandel der Zeit I, München 1987, S. 272-296; Egon Johannes Greipl, Johann Theodor von Bayern, in: Erwin Gatz (Hg.), Die Bischöfe des Heiligen Römischen Reiches 1648 bis 1803. Ein biographisches Lexikon, Berlin 1990, S. 205-208.
295 S. Anhang 4.
296 Die Berichte der diplomatischen Vertreter des Kaiserhofes aus München II, hg. von Grypa – Schmid (wie Anm. 260), S. 792f. Nr. 22, 796f. Nr. 24, 824 Nr. 36.
297 Eckhard Buddruss, Versailles und Carl Theodor. Vom Statthalter Frankreichs im Reich zum Enfant terrible, in: Lebenslust und Frömmigkeit: Kurfürst Carl Theodor (1724-1799) zwischen Barock und Aufklärung I, hg. von Alfred Wieczorek, Hansjörg Probst und Wieland Koenig, Regensburg 1999, S. 225-229.

zogtums und Kurfürstentums Bayern bis dahin in andere Räume gesetzt, naturgemäß vor allem in die näher gelegenen Nachbargebiete im Osten, Süden und Westen. Der belgisch-niederländische Raum stellte aber zumindest einen Nebenschauplatz dar, der vor allem seit den Tagen Ludwigs des Bayern nie mehr gänzlich aus den Augen verloren wurde. Mehrfach wurde versucht, daran anzuknüpfen und die damaligen Bindungen zu erneuern oder weiterzuführen. Erreicht wurde dieses Ziel am ehesten noch unter Max Emanuel, freilich nur für wenige Jahre. Im übrigen blieb es bei punktuellen Kontakten von wechselnder Intensität. Weil sie weniger ausgeprägt waren als in andere Richtungen, sind sie fast gänzlich aus dem Bewusstsein nicht nur der Öffentlichkeit, sondern durchaus auch der Fachwelt verschwunden[298].

Diese dauerhaften Verbindungen sind in der neuesten Zeit natürlich nicht abgerissen. Sie wurden auch im 19. und 20. Jahrhundert weitergepflegt. Sie erreichten neue Gipfelpunkte; als solcher kann am ehesten die Verheiratung der wittelsbachischen Prinzessin Elisabeth mit dem Herrscher im nunmehrigen Königreich Belgien Albert I. im Jahre 1900 angesehen werden. Das Neue Rathaus der Stadt München lehnt sich in der Außengestaltung an das Rathaus von Brüssel an[299]. Den Höhepunkten stehen aber auch ausgesprochene Tiefpunkte in zwei schlimmen Kriegen gegenüber. Die Beziehungen zwischen den entfernten Regionen sind also in neuester Zeit einem ungleich wechselvolleren Auf und Ab unterworfen als in den früheren Jahrhunderten. Für diese ist insgesamt gesehen eher ein für beide Seiten befruchtender Austausch kennzeichnend. An sie anzuknüpfen ist durchaus eine sinnvolle Aufgabe für die Politik unserer Gegenwart.

---

298 Deswegen finden sie keine eingehendere Behandlung in der neuesten Literatur: Horst Lademacher, Die Niederlande. Politische Kultur zwischen Individualität und Anpassung (Propyläen Geschichte Europas Ergänzungsband), Stuttgart 1993; Michael Erbe, Belgien, Niederlande, Luxemburg. Geschichte des niederländischen Raumes, Stuttgart-Berlin 1993; Die Niederlande und Deutschland. Aspekte der Beziehungen zweier europäischer Länder im 17. und 18. Jahrhundert, hg. von der Kulturstiftung Dessau-Wörlitz und der Stiftung Historische Sammlungen des Hauses Oranien-Nassau, Dessau 2000; Gebhard Moldenhauer – Jan Vis (Hg.), Die Niederlande und Deutschland: Einander kennen und verstehen, Münster i.W. 2001.
299 Brigitte Huber (Hg.), Das Neue Rathaus in München. Georg von Hauberrisser (1841-1922) und sein Hauptwerk, Ebenhausen 2006.

Anhang

1

LORENZ WESTENRIEDER, Von den Baiern in Holland,
Eine Rede, München 1782.

[S. 3f.] Ich wecke zur Theilnehmung an der Feyerlichkeit des heutigen Tages ein altes, durch große und schwere Schicksale verewigtes Volk aus dem Schlummer der Zeiten auf, – unsre baierischen Holländer, deren Nachkömmlinge durch Fleis, und Muth in fürchterlichen Kämpfen wider eifersüchtige Feinde, und wider alle Elemente obgesieget, und in Noth und Trübsal, wie im Unglück, gleich vorsichtig, und standhaft, zu dem Freystaat sich gestärkt, und gebildet haben, der den Angelegenheiten der politischen Streitigkeiten des Erdbodens, und der Industrie, und dem Handel in allen Theilen desselben so wichtig geworden. Daselbst haben vor etwa vierhundert Jahren Verwandte unsers Durchlauchtigsten Churfürstens gelebt, und geherrscht; dahin sind eine Menge baierischer Geschlechter gezogen, und das Andenken an die Freunde, und Landsmannschaft, und die Zuneigung, und gute Gesinnungen für uns, und alle Fälle, die uns betrefen können, lebt daselbst noch diese Stunde in einer sorgfältigen und aufrichtigen Thätigkeit. Wie man Freunde besucht an Festen der Fröhlichkeit: so will ich diese wichtige Episode auf der Schaubühne der Welt, vor unsere Augen führen, mit den ersten der Begebenheiten, die zu unsrer Belehrung wichtig, und einer gemeinschaftlichen Aufmerksamkeit würdig sind.

Mein Endzweck, der mich zur Wahl dieser Materie veranlasste, ist allein dieser, uns an unsere alten, lieben Landesverwandten zu erinnern, dann zur Ermunterung fähiger Köpfe, zu einer so höchstwichtigen Sache, als die Geschichte ist, etwas mit beyzutragen, und bey dieser Gelegenheit etwa ein und die andere Stelle, die der Parteygeist entstellte, zu berichtigen, oder auch derselben mehr Licht, als man bisher für gut fand, zu geben. Besonders wünschte ich, etwas zum Guten jener unglücklichen Jakobäa zu sagen, welche ein großer Theil der Geschichtschreiber so unglimpflich beurtheilet, und beynahe mißhandelt hat.

...

[S. 35] Aber nun seit dem blieb Holland von Baiern getrennt. – Doch, was indeß weit dauerhafter, und gesicherter ist, sind die Verwandtschaften guter Unternehmungen, die Landsmannschaften des Fleißes und Weteifers. Auch durch Erfindungen, durch wechselweisen Verkehr inländischer Arbeiten, und der Kaufmannschaft, und, wenn ich so sagen darf, durch den wechselweisen Verkehr groser und nützlicher Gedanken, und handelnder Vorschläge kann man sich anverwandt, und enger, als durch die Banden der Landmannschaft (denn diese bindet nicht immer Muth, oder Tugend) verbunden seyn. Was können wir, wenn es hierinn auf Ermunterung und Beyfall ankömmt, von einem Fürsten, der sich eine solche Menge herrlicher Denkmäler errichtet, der die Gewerbe aller Arten ermuntert, die Künste so großmüthig unterstützt, und geehrt hat, nicht hoffen?

2

JOHANN KASPAR VON THUERRIGEL, Der glückliche bayerische Eisenamtmann oder merckwürdige Lebensgeschichte des ... Herrn von Gschray, Frankfurt-Leipzig-München 1765.

[S. 29f.] „Was? Nach Holland gehen, denen Käß-Krämern dienen, welche zum Verderb Sr. Römisch-Kayserl. Majestät Dero Allerdurchlauchtigsten Herrn Papa, an die Oesterreicher Volk und Geld gaben. Nein! Ein solches werde ich nimmermehr thun, und wolte lieber einen s. v. Schweinhirt abgeben, als mich entschliesen, mit einer ketzerischen Nation wider Frankreich zu dienen". Und sagte Sr. Churfürstliche Durchlaucht gleichsam, daß Höchst Dieselben übel thäten, an die Holländer Truppen zu geben. Dieses wäre auch die Ursach, daß Ihro Churfürstl. Durchlaucht sich entschlossen etliche Tage nachher, dem Gschray, item seine zwei Söhne und die ganze Mannschaft abzudanken. Der Churfürst wäre dennoch so gnädig, und wolten Gschray lebenslang monatlich 40 fl. und seinen zweyen Söhnen ebenfalls iedem 20 fl. als ein Gnaden-Gehalt auszahlen lassen. Dieser unvermuthete Donnerstreich für Gschray hat gemacht, daß er nach München kame, und bey Sr. Churfürstlichen Durchlaucht um Gottes willen, um die Abänderung dieser für ihn so fatalen Entschließung gebeten, aber es ware nun vergebens, und kunnten Sr. Churfürstliche Durchl. nicht wohl gelinder gegen Gschrayen wegen seinen unbesonnenen Repliquen verfahren, um solche in etwas zu bestrafen. Da nun Gschray alle seine Sollicitationen vergebens zu seyn sahe, kam er, nachdem er der Reduction seines Corps zu Landshut zusehen muste, aufs neue mit seinen zwey Söhnen nach München, logierte sich in Gasthof bey herrn Roßer im Thal, hielte eine Musique mit Trompeten, Waldhörnern und andern erschallenden Instrumenten, warffe etliche 20 kr. Münz aus denen

Fenstern unter die Leute, und rufte in seiner grösten Trunkenheit aus vollem Hals gegen die vor dem Haus versammelte Menschen: „Sehet ihr Leute! So geht man mit mir um in Bayern, jetzt schaft man mich ab, nachdem ich für das Vatterland gestritten. Ich gehe nun fort aus eurem Lande, dieweil es mir besser und nützlicher gewesen wäre, wann ich anstatt eines Partheygehers, ein Musicant, Tänzer oder Commödiant dahier geworden wäre." Einige Churbayerische Herren Officiers wollen wissen, daß er sogar seine Bayerische Uniform vom Leib gezogen, und aus lauter Depir verbrannt habe.

Und weil nun die Pferde schon gesattelt vor dem Gasthof stunden, setzte er sich auf, und folgte seiner bereits vorausgeschickten Frau, und übrigen Kindern nach Augspurg, allwo er viele Monate geblieben, bis er Königl. Französische Dienste erhielte.

3

Subsidienzahlungen der Generalstaaten an Kurbayern aufgrund des Truppenvertrages 1746

Zeitpunkt	Betrag in Gulden und Kreuzer	
20. IX.1746	20 000	
20. IX.1746	103 950	
30. I.1745	105 400	
14. X.1747	15 434	29
18. X.1747	9 283	14
3. II.1748	1 992	45
3. VI.1748	9 419	
26. VII.1748	247	12
17.VIII.1748	993	22
22. X.1748	997	2
31. XII.1748	9 433	
Summe	276 777	4

(Quelle: Bayerisches Hauptstaatsarchiv München, Kasten schwarz 491)

4

Berichte des österreichischen Gesandten Johann Wenzel von Widmann an Maria Theresia

München, 28. Mai 1750

... allein doch gewiß, daß der Cardinal von Bayern, so sich noch immer hier befindet und meistentheils den Sommer hindurch auf einen seiner Landgüther anderthalb Stunden von hier aufhaltet, auch nichts mehr von seiner so baldigen Ruckkehr nach Lüttich redet.

München, 19. Juli 1750

[Der Kardinal von Bayern] hingegen wird von zweyen eigents dessentwegen allhier würcklich anwesenden Lütticher Capitularen starck und täglich angegangen, wiederumen auf einige Zeit sich in seinem Bistum zu begeben, allein außer deme, daß er hierzu schlechten Lust bezeiget und seine Abreyse noch nicht sicher ist, so bleiben noch immer an diesem Hof Französische Anhänger genug.

(Quelle: Haus-, Hof- und Staatsarchiv Wien, Staatskanzlei Bayern Karton 8)

Ausgewählte Literatur

Andreas von Regensburg, Sämtliche Werke, hg. von Leidinger, Georg (Quellen und Erörterungen zur bayerischen und deutschen Geschichte NF 1), München 1903.
Arnpeck, Veit, Sämtliche Chroniken, hg. von Leidinger, Georg (Quellen und Erörterungen zur bayerischen und deutschen Geschichte NF 3), München 1915.
Babel, Rainer – Moeglin, Jean-Marie (Hg.), Identité régionale et conscience nationale en France et en Allemagne du moyen âge à l'époque moderne (Beihefte der Francia 39), Sigmaringen 1997.
Bastert, Bernd, Der Münchner Hof und Fuetrers „Buch der Abenteuer". Literarische Kontinuität im Spätmittelalter (Mikrokosmos. Beiträge zur Literaturwissenschaft und Bedeutungsforschung 33) Franfurt a.M. v.a. 1993.
Baumgartner, Wolfgang, Gleichzeitige Wasserburgische Nachrichten, betreffend die Begebenheiten in der Stadt Wasserburg, während der traurigen Jahre 1504, 1505, 1506, 1507 vom damaligen Rentmeister Wolfgang Baumgartner, in: Westenrieder, Lorenz von, Historische Schriften I) München 1824, S. 181-206.
Borgolte Michael, „Selbstverständnis" und „Mentalitäten". Bewußtsein, Verhalten und Handeln mittelalterlicher Menschen im Verständnis moderner Historiker, in: AKG 79 (1997), S. 189-210.
Bosl, Karl, Aventin und die Geschichte, in: ZBLG 40 (1977), S. 325-340.
Bosl, Karl, Reflexionen über die Qualität der Geschichtswissenschaft. Walter Schlesinger zum 65. Geburtstag, in: ZBLG 36 (1973), S. 3-15.
Bosl, Karl, Zum fünfzigsten Gründungsjahr der Kommission für bayerische Landesgeschichte, in: ZBLG 40 (1977), S. 999-1016.
Brack, Harro, Bayerisches Geschichtsverständnis im 15. Jahrhundert, in: Bauer, Clemens u.a. (Hg.), Speculum Historiale. Geschichte im Spiegel von Geschichtsschreibung und Geschichtsdeutung. Festschrift für Johannes Spörl, München 1965, S. 334-345.
Brendle, Franz u.a. (Hg.), Deutsche Landesgeschichtsschreibung im Zeichen des Humanismus (Contubernium. Tübinger Beiträge zur Universitäts- und Wissenschaftsgeschichte 56) Stuttgart 2001.
Brunner, Horst (Hg.), Die Wahrnehmung und Darstellung von Kriegen im Mittelalter und der Frühen Neuzeit (Imagines medii aevi 6) Wiesbaden 2000.
Buchholz, Werner, Landesgeschichte in Deutschland. Bestandsaufnahme – Analyse – Perspektiven, Paderborn-München 1998.
Buschinger, Danielle (Hg.), Chroniques nationales et chroniques universelles (Göppinger Arbeiten zur Germanistik 508), Göppingen 1990.
Clemens, Evemarie, Luxemburg – Böhmen, Wittelsbach – Bayern, Habsburg – Österreich und ihre genealogischen Mythen im Vergleich, Trier 2001.
Dicker, Stefan, Land, Dynastie und Landstände. Studien zur bayerischen Landeschronistik des 15. Jahrhunderts, Diss. phil. masch. München 2006.
Dirsch-Weigand, Andrea, Stadt und Fürst in der Chronistik des Spätmittelalters. Studien zur spätmittelalterlichen Historiographie (Kollektive Einstellungen und sozialer Wandel im Mittelalter NF 1), Köln 1991.
Dorrer, Erika Sylvia, Angelus Rumpler, Abt von Formbach (1501-1513) als Geschichtsschreiber. Ein Beitrag zur klösterlichen Geschichtsschreibung in Bayern am Ausgang des Mittelalters, Kallmünz 1965.

Dünninger, Eberhard, Johannes Aventinus. Leben und Werk des bayerischen Geschichtsschreibers, Rosenheim 1977.
Ebeling, Dietrich (Hg.), Landesgeschichte als multidisziplinäre Wissenschaft. Festgabe für Franz Irsigler zum 60. Geburtstag, Trier 2001.
Eberl, Immo – Hartung, Wolfgang – Jahn, Joachim (Hg.), Regio. Forschungen zur schwäbischen Regionalgeschichte 1, 1988.
Ebran von Wildenberg, Hans, Chronik von den Fürsten aus Bayern, hg. von Roth, Friedrich (Quellen und Erörterungen zur bayerischen und deutschen Geschichte Neue Folge 2/1), München 1905.
Fehn, Klaus – Hauptmeyer, Carl-Hans (Hg.), Landesgeschichte heute, Göttingen 1987.
Fried, Pankraz (Hg.), Probleme und Methoden der Landesgeschichte, Darmstadt 1978.
Fried, Pankraz, Traditionen bayerisch-schwäbischer Landesgeschichtsforschung, in: ZBLG 40 (1977), S. 625-639.
Friederichs, Heinz Friedrich (Hg.), Genealogie und Landesgeschichte (Publikationen der Zentralstelle für Personen- und Familiengeschichte 22), Frankfurt a.M. 1968.
Fuchs, Franz, Bildung und Wissenschaft in Regensburg. Neue Forschungen und Texte aus St. Mang in Stadtamhof (Beiträge zur Geschichte und Quellenkunde des Mittelalters 13), Sigmaringen 1989.
Füetrer, Ulrich, Bayerische Chronik, hg. von Spiller, Reinhold (Quellen und Erörterungen zur bayerischen und deutschen Geschichte NF 2/2) München 1909.
Funke, Brigitte, Cronecken der Sassen. Entwurf und Erfolg einer sächsischen Geschichtskonzeption am Übergang vom Mittelalter zur Neuzeit (Braunschweiger Werkstücke A 48), Braunschweig 2001.
Gerlich, Alois, Geschichtliche Landeskunde. Genese und Probleme, Darmstadt 1986.
Gleba, Gudrun, Die Aufzeichnungen des Münchener Bürgers Jörg Kazmair zu den Jahren 1379-1403. Eine Schrift zur mittelalterlichen Meinungsbildung, in: Johanek, Peter (Hg.), Städtische Geschichtsschreibung im Spätmittelalter und in der frühen Neuzeit (Städteforschung, Reihe A: Darstellungen 47), Köln 2000, S. 215-231.
Gottschalk, Maren; Geschichtsschreibung im Umkreis Friedrichs I., des Siegreichen von der Pfalz und Albrechts IV. des Weisen von Bayern-München, Diss. phil. München 1989.
Graf, Klaus, Geschichtsschreibung und Landesdiskurs im Umkreis Graf Eberhards im Bart von Württemberg (1449-1496), in: Blätter für deutsche Landesgeschichte 129 (1993), S. 165-193.
Hardtwig, Wolfgang (Hg.), Geschichte für Leser. Populäre Geschichtsschreibung in Deutschland im 20. Jahrhundert, Stuttgart 2005.
Heigel, Karl Theodor (Hg.), Die Chroniken der deutschen Städte vom 14. bis 16. Jahrhundert XV: Die Chroniken der bayerischen Städte. Regensburg – Landshut – Mühldorf – München, Leipzig 1878.
Helmrath, Johannes u.a. (Hg.), Diffusion des Humanismus. Studien zur nationalen Geschichtsschreibung europäischer Humanisten, Göttingen 2002.
Hruschka, Constantin, Kriegsführung und Geschichtsschreibung im Spätmittelalter. Eine Untersuchung zur Chronistik der Konzilszeit (Kollektive Einstellungen und sozialer Wandel im Mittelalter NF 5), Köln 2001.
Huber, Alfons, Agnes Bernauer im Spiegel der Quellen, Chronisten, Historiker und Literaten vom 15. bis zum 20. Jahrhundert. Ein Quellen- und Lesebuch, Straubing 1999.
Hüttl, Ludwig, Die Verhältnis Ereignis-, Gesellschafts- und Strukturgeschichte. Dargestellt am Modell der französischen Historikergruppe der Annales, in: ZBLG 41 (1978), S. 1039-1096.
Irsigler, Franz, Probleme und Methoden vergleichender Landesgeschichte (Studienmaterialien. Staatliches Institut für Lehrerfort- und -weiterbildung des Landes Rheinland-Pfalz), Speyer 1979.

Jochimsen, Paul, Geschichtsauffassung und Geschichtsschreibung in Deutschland unter dem Einfluß des Humanismus (Beiträge zur Kulturgeschichte des Mittelalters und der Renaissance 6), Leipzig 1910 (ND Aalen 1968).

Joetze, Karl Franz, Veit Arnpekch, ein Vorläufer Aventins, in: Verhandlungen des Historischen Vereins für Niederbayern 29 (1893), S. 45-128.

Johanek, Peter, Die Schreiber und die Vergangenheit. Zur Entfaltung einer dynastischen Geschichtsschreibung an den Fürstenhöfen des 15. Jahrhunderts, in: Keller, Hagen u.a. (Hg.), Pragmatische Schriftlichkeit im Mittelalter. Erscheinungsformen und Entwicklungsstufen (Münstersche Mittelalter-Schriften 65), Münster 1992, S. 195-209.

Klingenstein, Grete – Lutz, Heinrich (Hg.), Spezialforschung und Gesamtgeschichte. Beispiele und Methodenfragen, Wien 1981.

Kluckhohn, August, Über die bayerischen Geschichtsschreiber Hans Ebran von Wildenberg und Ulrich Füetrer, in: Forschungen zur deutschen Geschichte 7 (1867), S. 201-213.

Köllmann, Werner, Zur Bedeutung der Regionalgeschichte im Rahmen struktur- und sozialgeschichtlicher Konzeptionen, in: Archiv für Sozialgeschichte 15 (1975), S. 44-50.

Kraus, Andreas, Civitas Regia. Das Bild Regensburgs in der deutschen Geschichtsschreibung des Mittelalters (Regensburger Historische Forschungen 3), Kallmünz 1972.

Kraus, Andreas, Das Bild Ludwigs des Bayern in der bayerischen Geschichtsschreibung der Frühen Neuzeit, in: ZBLG 60 (1997), S. 5-69.

Kraus, Andreas, Die benediktinische Geschichtsschreibung im neuzeitlichen Bayern, in: Studien und Mitteilungen zur Geschichte des Benediktinerordens und seiner Zweige 80 (1969), S. 205-229.

Kraus, Andreas, Die geistige Welt des Johannes Aventinus. Bayern und der europäische Humanismus, in: Sitzmann, Gerhard-Helmut (Hg.), Aventinus und seine Zeit (1477-1534), Abensberg 1977, S. 39-62.

Kraus, Andreas, Bayerische Geschichtswissenschaft in drei Jahrhunderten. Gesammelte Aufsätze, München 1979.

Krey, Hans Josef, Herrschaftskrisen und Landeseinheit. Die Straubinger und Münchner Landstände unter Herzog Albrecht IV. von Bayern-München, Aachen 2005.

Liess, Albrecht (Bearb.), Aus 1200 Jahren. Das Bayerische Hauptstaatsarchiv zeigt seine Schätze. Ausstellungskatalog, Neustadt a.d. Aisch 1986.

Leidinger, Georg, Über die Schriften des bayerischen Chronisten Veit Arnpeck, München 1893.

Leidinger, Georg, Veit Arnpecks „Chronik der Bayern", Sitzungsberichte der Bayerischen Akademie der Wissenschaften. Philosophisch-historische Abteilung 1936/5, München 1936.

Märtl, Claudia, Liberalitas Baioarica. Enea Silvio Piccolomini und Bayern, in: Dopsch, Heinz u.a. (Hg.), Bayern und Italien. Politik – Kultur – Kommunikation. Festschrift für Kurt Reindel zum 75. Geburtstag (ZBLG Beiheft B 19), München 2001, S. 237-260.

Märtl, Claudia, Zur Biographie des bayerischen Geschichtsschreibers Andreas von Regensburg, in: Regensburg und Bayern im Mittelalter (Studien und Quellen zur Geschichte Regensburgs 4), Regensburg 1987, S. 33-56.

Melville, Gert, Vorfahren und Vorgänger. Spätmittelalterliche Genealogien als dynastische Legitimation zur Herrschaft, in: Schuler, Peter-Johannes (Hg.), Die Familie als sozialer und historischer Verband, Sigmaringen 1987, S. 203-309.

Mertens, Dieter, Spätmittelalterliches Landesbewusstsein im Gebiet des alten Schwaben, in: Werner, Matthias (Hg.), Spätmittelalterliches Landesbewusstsein in Deutschland (Vorträge und Forschungen 61), Ostfildern 2005, S. 93-156.

Moeglin, Jean-Marie, Les ancêtres du prince. Propaganda politique et naissance d'une histoire nationale en Bavière au moyen âge (1180-1500) (Hautes études médiévales et modernes 54), Genf 1985.

Moeglin, Jean-Marie, L'utilisation de l'histoire comme instrument de légitimation. Une controverse historique entre Wittelsbach et Hohenzollern en 1459-1460, in: Genet, Jean-Philippe (Hg.), L'historiographie médiévale en Europe. Actes du colloque organisée par la Fondation Européenne de la Science au Centre de Recherches Historiques et Juridiques de l' Univers. Paris I du 29 mars au 1 avril 1989, Paris 1991, S. 217-231.

Moeglin, Jean-Marie, Das Reich und die bayerischen Fürsten in einer ersten (?) Fassung der Bayerischen Chronik von Ulrich Füetrer, in: Heinig, Paul-Joachim u.a. (Hg.), Reich, Regionen und Europa in Mittelalter und Neuzeit (Historische Forschungen 67), Berlin 2000, S. 675-697.

Moraw, Ursula, Die Gegenwartschronistik in Deutschland im 15. und 16. Jahrhundert, Heidelberg 1966.

Müller, Markus, Die spätmittelalterliche Bistumsgeschichtsschreibung. Überlieferung und Entwicklung (AKG Beihefte 44), Köln 1998.

Müller, Roland, Lokalgeschichte und Herrschaftssystem, in: Zeitschrift für württembergische Landesgeschichte 49 (1990), S. 343-392.

Muhlack, Ulrich, Deutsche Neuzeit. Zur Historiographie Paul Joachimsens, in: Zeitschrift für Historische Forschung 1 (1974), S. 88-115.

Muhlack, Ulrich, Geschichtswissenschaft in Humanismus und in der Aufklärung. Die Vorgeschichte des Historismus, München 1991.

Neddermeyer, Uwe, „Darümb sollen die historien billich fürsten bücher sein und genennet werden". Universalhistorische Werke als Ratgeber der Fürsten im Mittelalter und in der frühen Neuzeit, in: Grell, Chantal u.a. (Hg.), Les princes et l'histoire du XIVe au XVIIIe siècle. Actes du colloque organisé par l'Université de Versailles – Saint Quentin et l'Institut Historique Allemand Paris/Versailles 13-16 mars 1996 (Pariser Historische Studien 47), Bonn 1998, S. 67-102.

Niederländer, Rudolf, Die „Chronica Husitarum" des Andreas von Regensburg als eine wesentliche Quelle für die Geschichte der Hussitenkriege, in: Fröhlich, Walter (Hg.), Liber ad magistrum. Festschrift für Johannes Spörl, München 1964, S. 83-88.

Oblinger, Ludwig, Angelus Rumpler, Abt von Formbach und die ihm zugeschriebenen Historischen Kollektaneen, in: Archivalische Zeitschrift NF 11 (1904), S. 1-99.

Patze, Hans (Hg.), Geschichtsschreibung und Geschichtsbewußtsein im späten Mittelalter (Vorträge und Forschungen 31), Sigmaringen 1987.

Patze, Hans, Probleme der Landesgeschichte, in: Fried, Pankraz (Hg.), Augsburger Beiträge zur Landesgeschichte Bayerisch-Schwabens 1, Sigmaringen 1979, S. 9-26.

Pfäffinger, Ursula, Relation der Äbtissin Ursula der Pfäffingerin von Frauen-Chiemsee über den pfälzisch-bayerischen Erbfolge-Krieg, hg. von Geiß, Ernst, in: Oberbayerisches Archiv 8 (1847), S. 224-236.

Piccolomini, Enea Silvio, De Europa, hg. von Heck, Adrian van (Studi e Testi 398) Città del Vaticano 2001.

Postel, Rainer, Warumb ich disse Historiam beschrieben. Bürgermeister als Chronisten, in: Johanek, Peter (Hg.), Städtische Geschichtsschreibung im Spätmittelalter und in der frühen Neuzeit (Städteforschung, Reihe A: Darstellungen 47), Köln 2000, S. 319-332.

Prinz, Friedrich, Landesgeschichte und Mediävistik, in: HJb 88 (1968), S. 87-101.

Rädlinger, Christine, Überlieferung und Propaganda. Die Münchner Verfassungskämpfe von 1397 bis 1403 in einer Quelle des 16. Jahrhunderts, in: Oberbayerisches Archiv 117/118 (1993/1994), S. 155-173.

Ribhege, Wilhelm, Europa – Nation – Region. Perspektiven der Stadt- und Regionalgeschichte, Darmstadt 1991.

Richental, Ulrich von, Chronik des Constanzer Concils. 1414 bis 1418, hg. von Buck, Michael R., Tübingen 1882.

Rödel, Dieter, Veit Arnpeck. Publikumsorientierte Darstellungsweise in zweisprachigen Chroniken, in: Brunner, Horst – Wolf, Norbert Richard (Hg.), Wissensliteratur im Mittelalter und in der Frühen Neuzeit: Bedingungen – Typen – Publikum – Sprache (Wissensliteratur im Mittelalter 13) Wiesbaden 1993, S. 253-257.

Rosenfeld, Hellmut, Der Münchner Maler und Dichter Ulrich Fuertrer (1430-1496) in seiner Zeit und sein Name (eigentlich „Furtter"), in: Oberbayerisches Archiv 90 (1968), S. 128-140.

Rumpler, Angelus, Historia monasterii Formbacensis, in: Pez, Bernhard (Hg.), Thesaurus anecdotorum novissimus 1), Augsburg 1721, S. 425-481.
Schäfer, Werner, Agnes Bernauer. Geschichte – Dichtung – Bild, Straubing 1995.
Schedel, Hartmann, Liber Chronicarum. Opus de temporibus mundi, Nürnberg 1493.
Schmeidler, Bernhard, Studien zur Geschichtsschreibung des Klosters Tegernsee vom 11. bis zum 16. Jahrhundert, München 1935.
Schmid, Alois, Das Bild des Bayernherzogs Arnulf (907-937) in der deutschen Geschichtsschreibung von seinen Zeitgenossen bis zu Wilhelm von Giesebrecht (Regensburger Historische Forschungen 6), Kallmünz 1976.
Schmid, Alois, Die historische Methode des Johannes Aventinus, in: Blätter für deutsche Landesgeschichte 113 (1977), S. 338-395.
Schmid, Alois, Aventiniana aus dem Augustiner-Chorherrenstift Polling, in: ZBLG 44 (1981), S. 693-721.
Schmid, Alois, Die Anfänge der Bistumshistoriographie in den süddeutschen Diözesen im Zeitalter des Humanismus, in: Römische Quartalschrift für christliche Altertumskunde und Kirchengeschichte 91 (1996), S. 230-262.
Schmid, Alois, Landesgeschichte in Bayern. Versuch einer Bilanz (Hefte zur bayerischen Geschichte 4), München 2005.
Schneider, Joachim, Die „Chronik von den Fürsten zu Bayern" des Andreas von Regensburg. Übersetzung als Funktionswandel, in: Brunner, Horst – Wolf, Norbert Richard (Hg.), Wissensliteratur im Mittelalter und in der Frühen Neuzeit. Bedingungen – Typen – Publikum – Sprache (Wissensliteratur im Mittelalter 13), Wiesbaden 1993, S. 245-252.
Schneider, Joachim, Zweisprachigkeit als eine Chance der Chronisten im Spätmittelalter, in: Wenta, Jaroslaw (Hg.), Die Geschichtsschreibung in Mitteleuropa. Projekte und Forschungsprobleme (Subsidia Historiographica 1), Thorn 1999, S. 249-276.
Sprandel, Rolf, Chronisten als Zeitzeugen. Forschungen zur spätmittelalterlichen Geschichtsschreibung in Deutschland, Köln-Weimar-Wien 1994.
Sprandel, Rolf (Hg.), Zweisprachige Geschichtsschreibung im spätmittelalterlichen Deutschland, Wiesbaden 1993.
Stahleder, Helmuth, Beiträge zur Geschichte Münchner Bürgergeschlechter im Mittelalter. Die Astaler, Katzmair, Scharfzahn, Tulbeck, in: Oberbayerisches Archiv 122 (1989), S. 195-230).
Stauber, Reinhard, Herrschaftsrepräsentation und dynastische Propaganda bei den Wittelsbachern und Habsburgern um 1500, in: Nolte, Cordula u.a. (Hg.), Principes. Dynastien und Höfe im späten Mittelalter (Residenzenforschung 14), Stuttgart 2002, S. 371-402.
Studt, Birgit, Fürstenhof und Geschichte. Legitimation durch Überlieferung (Norm und Struktur. Studien zum sozialen Wandel in Mittelalter und Früher Neuzeit 2), Köln 1992.
Studt, Birgit, Zwischen historischer Tradition und politischer Propaganda. Zur Rolle der kleinen Formen in der spätmittelalterlichen Geschichtsüberlieferung, in: Keller, Hagen u.a. (Hg.), Schriftlichkeit und Lebenspraxis im Mittelalter. Erfassen – Bewahren – Verändern (Münstersche Mittelalter-Schriften 76), München 1999, S. 203-218.
Thoelen, Heinz, Mäzenatische Autorität. Herzog Albrecht IV. von Bayern und Ulrich Füetrers „Buch der Abenteuer", in: Gosmann, Martin (Hg.), The growth of authority in the Medieval West (Mediaevalia Groningana 25), Groningen 1999, S. 307-331.
Timmermann, Heiner, Geschichtsschreibung zwischen Wissenschaft und Politik. Deutschland, Frankreich, Polen im 19. und 20. Jahrhundert, Saarbrücken-Scheidt 1987.
Volkert, Wilhelm – Walter Ziegler (Hg.), Im Dienste der bayerischen Geschichte. 70 Jahre Kommission für bayerische Landesgeschichte – 50 Jahre Institut für Bayerische Geschichte. München ²1999.
Warken, Norbert, Mittelalterliche Geschichtsschreibung in Straßburg. Studien zu ihrer Funktion und Rezeption bis zur Frühen Neuzeit, Saarbrücken 1995.

Weihenstephaner Chronik, die sogenannte. Text und Untersuchung. hg. von Krämer, Sigrid (Münchner Beiträge zur Mediävistik und Renaissance-Forschung 9), München 1972.
Wenzel, Horst, „Alls in ain summ zu pringen". Füetrers „Bayerische Chronik" und sein „Buch der Abenteuer" am Hof Albrechts IV., in: Wapnewski, Peter (Hg.), Mittelalter-Rezeption. Ein Symposion, Stuttgart 1986, S. 10-31.
Werner, Matthias, Spätmittelalterliches Landesbewußtsein in Deutschland (Vorträge und Forschungen 61), Ostfildern 2005.
Willibald, Claudia, Das Chronicon Bavarorum des Veit von Ebersberg. Geschichtsschreibung an der Schwelle zur Neuzeit, in: ZBLG 50 (1987), S. 493-541.
Wolfram, Herwig, Landesgeschichte und Allgemeine Geschichte, in: ZBLG 51 (1988), S. 3-12.

Abkürzungen

AKG		Archiv für Kulturgeschichte
BayHStA		Bayerisches Hauptstaatsarchiv München
DA		Deutsches Archiv zur Erforschung des Mittelalters
Hg., hg.		Herausgeber, herausgegeben
HJb		Historisches Jahrbuch der Görres-Gesellschaft
HZ		Historische Zeitschrift
MGH		Monumenta Germaniae Historica
	DD	Diplomata
	SrG	Scriptores rerum Germanicarum
	SS	Scriptores in folio
MIÖG		Mitteilungen des Instituts für österreichische Geschichtsforschung
ND		Neudruck
NF		Neue Folge
ZBLG		Zeitschrift für bayerische Landesgeschichte

Der Autor

Prof. Dr. Alois Schmid
geb. am 14. Juli 1945 in Hummelberg (Landkreis Regensburg)

1965	Abitur in Regensburg
1965-1967	Wehrdienst
1967-1972	Studium der Geschichte, Germanistik und Sozialkunde an der Universität Regensburg
1972	Staatsexamen
1972-1974	Promotionsstudiengang an der Universität Regensburg
1974	Promotion in Bayerischer Landesgeschichte an der Universität Regensburg
1974-1977	Wiss. Assistent an der Universität Regensburg
1977-1982	Wiss. Assistent an der Universität München (Institut für Bayerische Geschichte)
1982-1988	Wiss. Mitarbeiter der Bayerischen Akademie der Wissenschaften München
1985	Habilitation an der Universität München (Mittlere und Neuere Geschichte)
1988	Lehrauftrag für bayerische Landesgeschichte an der Universität Passau
1988-1994	Professor für Landesgeschichte unter besonderer Berücksichtigung Bayerns an der Kath. Universität Eichstätt
1994-1998	Lehrstuhl für bayerische und fränkische Landesgeschichte an der Universität Erlangen-Nürnberg

Ab 1998	Lehrstuhl für bayerische und vergleichende Landesgeschichte unter besonderer Berücksichtigung des Mittelalters an der Universität München
Ab 1999	Erster Vorsitzender der Kommission für bayerische Landesgeschichte bei der Bayerischen Akademie der Wissenschaften München
Ab 1999	Zweiter Vorsitzender der Arbeitsgemeinschaft der (außeruniversitären) historischen Forschungseinrichtungen in Deutschland
WS 2005/06	Otto von Freising-Gastprofessur an der Kath. Universität Eichstätt-Ingolstadt
	Mitglied in verschiedenen wissenschaftlichen Vereinigungen.

Selbständige Schriften

Das Bild des Bayernherzogs Arnulf (907-937) in der deutschen Geschichtsschreibung von seinen Zeitgenossen bis zu Wilhelm von Giesebrecht (Regensburger Historische Forschungen 5) Kallmünz 1976, XXII und 253 Seiten.

Max III. Joseph und die europäischen Mächte. Die Außenpolitik des Kurfürstentums Bayern 1745-1765, München 1987, XII und 563 Seiten.

Staatsverträge des Kurfürstentums Bayern 1745-1764 (Schriftenreihe zur bayerischen Landesgeschichte 95) München 1991, XIV und 129 Seiten.

Franz I. Stephan von Habsburg-Lothringen (1745-1765), der unbekannte Kaiser (Eichstätter Hochschulreden 77) Regensburg 1991, 28 Seiten.

Regensburg: Reichsstadt – Fürstbischof – Reichsstifte – Herzogshof (Historischer Atlas von Bayern, Teil Altbayern 60) München 1995, XXXIV und 488 Seiten.

Kelheim. Die Stadt am Fluß (Bayerische Städtebilder. Altbayern) Stuttgart 1996, 64 Seiten.

Kelheim in der Zeit der frühen Wittelsbacher (Schriftenreihe der Weltenburger Akademie, Gruppe Geschichte II/21) Abensberg 1999, 30 Seiten.

Die diplomatischen Berichte der kaiserlichen Gesandten aus München an die Wiener Staatskanzlei in der Zeit des Kurfürsten Max III. Joseph, Band I: 1745-1746; Band II: 1747-1749 (Quellen zur Neueren Geschichte Bayerns 2) München 2000, 99* und 1075 Seiten.

Landesgeschichte in Bayern. Versuch einer Bilanz (Hefte zur bayerischen Landesgeschichte 4) München 2005, 22 Seiten.

Das Augustiner-Chorherrenstift Polling und die Gründung der Bayerischen Akademie der Wissenschaften 1759 (Schriftenreihe der Akademie der Augustiner-Chorherren von Windesheim 10) Paring 2005, 84 Seiten mit 12 Abbildungen.

Herausgeber

Aus Bayerns Geschichte. Forschungen als Festgabe zum 70. Geburtstag von Andreas Kraus, St. Ottilien 1992, 516 Seiten (zusammen mit Egon Johannes Greipl und Walter Ziegler).

Bayerische Gelehrtenkorrespondenz: P. Matthäus Rader SJ
Band I: 1595-1612, bearbeitet von Helmut Zäh und Sylvia Strodel, München 1995, LXIX und 659 Seiten.
Band II: Der Briefwechsel mit Marcus Welser, bearbeitet von Rita Haub und Stefan W. Römmelt, München (im Druck, wohl 2007).

Festschrift für Hans-Jörg Kellner zum 80. Geburtstag (zusammen mit Hermann Dannheimer und Ludwig Wamser), Bayerische Vorgeschichtsblätter 65 (2000), 360 Seiten mit 38 Tafeln.

Die Herrscher Bayerns. 25 historische Portraits von Tassilo III. bis Ludwig III., München 2001, 447 Seiten mit 4 Karten und 8 Stammtafeln (zusammen mit Katharina Weigand); 2. Auflage 2006.

Auxilia historica. Festschrift für Peter Acht zum 90. Geburtstag (zusammen mit Walter Koch und Wilhelm Volkert) (Schriftenreihe zur bayerischen Landesgeschichte 132), München 2001, 505 Seiten mit 28 Abbildungen.

Nominum Gratia. Namenforschung in Bayern und Nachbarländern. Festgabe für Wolf-Armin Frhr. v. Reitzenstein zum 60. Geburtstag (zusammen mit Albrecht Greule) (Materialien zur bayerischen Landesgeschichte 13) München 2001, 299 Seiten.

Bayern und Italien. Politik, Kultur, Kommunikation (8.-15. Jahrhundert). Festschrift für Kurt Reindel zum 75. Geburtstag (zusammen mit Heinz Dopsch und Stephan Freund) (ZBLG Beihefte B 18) München 2001, 318 Seiten.

Bayern. Vom Stamm zum Staat. Festschrift zum 80. Geburtstag für Andreas Kraus, 2 Bände (zusammen mit Konrad Ackermann und Wilhelm Volkert) (Schriftenreihe zur bayerischen Landesgeschichte 140) München 2002, XXIV, 498 und 655 Seiten.

Staat und Verwaltung in Bayern. Festschrift für Wilhelm Volkert zum 75. Geburtstag, (zusammen mit Konrad Ackermann) (Schriftenreihe für bayerische Landesgeschichte 139) München 2003, XIII und 795 Seiten.

Schauplätze der Geschichte in Bayern, München 2003, 496 Seiten (zusammen mit Katharina Weigand).

Die Säkularisation in Bayern 1803. Kulturbruch oder Modernisierung? (ZBLG Beihefte B 23) München 2003, XIV und 398 Seiten.

Handbuch der bayerischen Geschichte, begründet von Max Spindler, Teilband IV/1: Das Neue Bayern von 1800 bis zur Gegenwart: Staat und Politik, 2. Auflage, München 2003, XXXIII und 1047 Seiten; Teilband IV/2: Die innere Entwicklung (wohl 2007).

Bayern – mitten in Europa. Vom Frühmittelalter bis ins 20. Jahrhundert, München 2005, 480 Seiten (zusammen mit Katharina Weigand).

1806 – Bayern wird Königreich: Vorgeschichte – Inszenierung – europäischer Rahmen, Regensburg 2006, 286 Seiten.

Handbuch der Historischen Stätten Deutschlands VII, Teilband 1: Altbayern, XX und 956 Seiten; Teilband 2: Franken, XX und 651 Seiten (Kröners Taschenausgabe 324, 325) Stuttgart ^{4}2006 (zusammen mit Hans-Michael Körner unter Mitarbeit von Martin Ott).

Schriftleitung

Historischer Atlas von Bayern, seit 1999.
Jahrbuch für fränkische Landesforschung, 1994-1999.
Zeitschrift für bayerische Landesgeschichte, seit 1999.

Abbildungsverzeichnis

Abb. 1: Das Kaiserpaar Heinrich II. und Kunigunde
(Osterhofen: 1000 Jahre Stift – 625 Jahre Stadt, Osterhofen 2004, S. 12).

Abb. 2: Herzog Heinrich V. von Bayern mit seiner Gemahlin
Luitgard
(Osterhofen: 1000 Jahre Stift – 625 Jahre Stadt, Osterhofen 2004, S. 11).

Abb. 3: Judith von Flandern, Herzogin von Bayern
(Heinrich der Löwe und seine Zeit II, hg. von Jochen Luckhardt und
Franz Niehoff, München 1995, S. 55).

Abb. 4: Agnes von Loon, Herzogin von Bayern
(Pankraz Fried, Anfänge des Hauses Wittelsbach, Weißenhorn 1980, S.
32 Tafel 10).

Abb. 5: Maria von Brabant, Herzogin von Bayern
(Hubert Glaser, Hg., Die Zeit der frühen Herzöge II, München 1980, S.
109).

Abb. 6: Kaiser Ludwig IV., der Bayer
(Heinz Thomas, Ludwig der Bayer, 1282-1347, Kaiser und Ketzer, Regensburg 1993, S. 177).

Abb. 7: Kaiserin Margarete von Holland
(Heinz Thomas, Ludwig der Bayer, 1282-1347, Kaiser und Ketzer, Regensburg 1993, S. 179).

Abb. 8: Die wittelsbachischen Herrschaften an der Nordsee
(Dorit-Maria Krenn – Joachim Wild, Fürste in der ferne. Das Herzogtum
Niederbayern-Straubing-Holland, Augsburg 2003, S. 8).

Abb. 9: Wappenschild der Grafen von Holland und Wappen Kurfürst Max
Emanuels (Hubert Glaser, Hg., Die Zeit der frühen Herzöge I, München
1980, S. 28).

Abb. 10: Herzog Albrecht IV. von Bayern-München
(Bayerisches Nationalmuseum München).

Abb. 11: Kurfürst Max Emanuel von Bayern
(Hubert Glaser, hg., Kurfürst Max Emanuel: Bayern und Europa um 1700
I, München 1976, Vorsatz).

Abb. 12: Das Kanalnetz Max Emanuels
(München wie geplant. Die Entwicklung der Stadt 1158-2008, München
2002, S. 34).

Abb. 13: Kurfürst Karl Theodor von Pfalzbayern
(Hubert Glaser, hg., Krone und Verfassung I, München 1980, S. 16).

Abb. 14: Die Länder Kurfürst Karl Theodors
(Hans Rall, Kurfürst Karl Theodor, Regierender Herr in
sieben Ländern, Mannheim 1993, S. 432).

Abb. 15: Lorenz Westenrieder, Von den Baiern in Holland,
München 1782
(Bayerische Akademie der Wissenschaften München).

Abb: 1: Das Kaiserpaar Heinrich II. und Kunigunde
(Osterhofen: 1000 Jahre Stift – 625 Jahre Stadt, Osterhofen 2004, S. 12).

Abb. 2: Herzog Heinrich V. von Bayern mit seiner Gemahlin Luitgard
(Osterhofen: 1000 Jahre Stift – 625 Jahre Stadt, Osterhofen 2004, S. 11).

Abb. 3: Judith von Flandern, Herzogin von Bayern
(Heinrich der Löwe und seine Zeit II, hg. von Jochen Luckhardt und Franz Niehoff, München 1995, S. 55).

Abb. 4: Agnes von Loon, Herzogin von Bayern
(Pankraz Fried, Anfänge des Hauses Wittelsbach, Weißenhorn 1980, S. 32 Tafel 10).

Abb. 5: Maria von Brabant, Herzogin von Bayern
(Hubert Glaser, Hg., Die Zeit der frühen Herzöge II, München 1980, S. 109).

Abb. 6: Kaiser Ludwig IV., der Bayer
(Heinz Thomas, Ludwig der Bayer, 1282 – 1347, Kaiser und Ketzer, Regensburg 1993, S. 177).

Abb. 7: Kaiserin Margarete von Holland
(Heinz Thomas, Ludwig der Bayer, 1282 – 1347, Kaiser und Ketzer, Regensburg 1993, S. 179).

Abb. 8: Die wittelbachischen Herrschaften an der Nordsee
(Dorit-Maria Krenn – Jachim Wild, Fürste in der ferne. Das Herzogtum Niederbayern-Straubing-Holland, Augsburg 2003, S. 8).

Abb. 9: Wappenschild der Grafen von Holland und Wappen Kurfürst Max Emanuels (Hubert Glaser, Hg., Die Zeit der Frühen Herzöge I, München 1980, S. 28).

Abb. 10: Herzog Albrecht IV. von Bayern-München
(Bayerisches Nationalmuseum München).

Abb. 11: Kurfürst Max Emanuel von Bayern
(Hubert Glaser, Hg., Kurfürst Max Emanuel: Bayern und Europa um 1700 I, München 1976, Vorsatz).

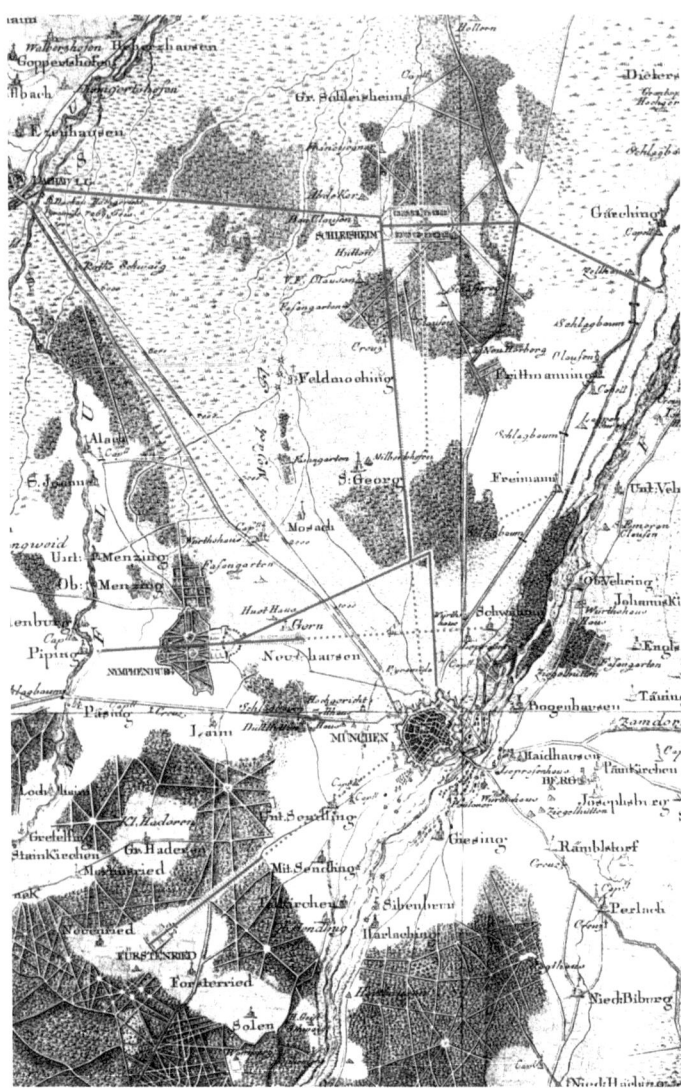

Abb. 12: Das Kanalnetz Max Emanuels
(München wie geplant. Die Entwicklung der Stadt 1158-2008, München 2002, S. 34).

Abb. 13: Kurfürst Karl Theodor von Pfalzbayern
(Hubert Glaser, Hg., Krone und Verfassung I, München 1980, S. 16).

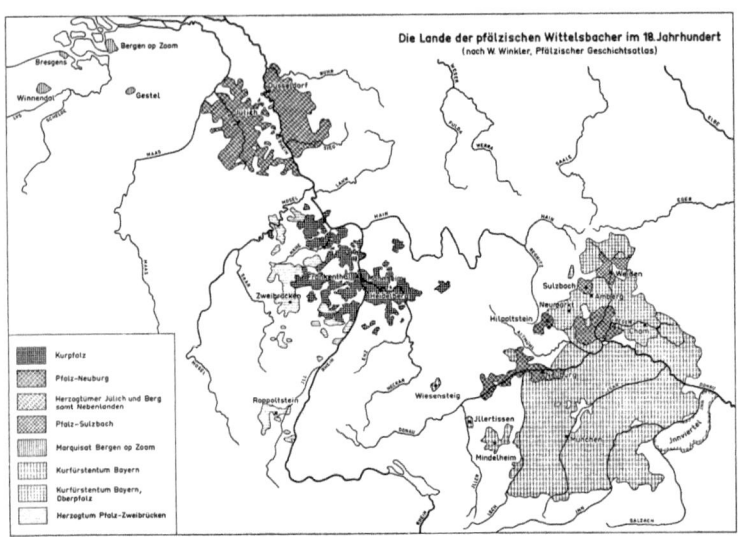

Abb. 14: Die Länder Kurfürst Karl Theodors
(Hans Rall, Kurfürst Karl Theodor, regierender Herr in sieben Ländern, Mannheim 1993, S. 432).

Von den
Baiern in Holland
Eine Rede
an dem höchsterfreulichen
Namenstage
Sr. Churfürstl. Durchlaucht
Karl Theodor
auf dem akademischen Saale öffentlich abgelesen
vom
Profeßor Westenrieder.
den 4 November 1782.

München, 1782.
Zu finden bey der Churfl. Akademie der Wissenschaften.

Abb. 15: Lorenz Westenrieder, Von den Baiern in Holland, München 1782

Otto von Freising-Vorlesungen

Bd. 1: **Wilhelm G. Grewe**:
Das geteilte Deutschland in der Weltpolitik
1990. Vergriffen

Bd. 2: **Berndt von Staden**:
Der Helsinki-Prozeß
1990. Vergriffen

Bd. 3: **Hans Buchheim**:
Politik und Ethik
1991. Vergriffen

Bd. 4: **Dmitrij Zlepko**:
Die ukrainische katholische Kirche – Orthodoxer Herkunft, römischer Zugehörigkeit
1992. Vergriffen

Bd. 5: **Roland Girtler**:
Würde und Sprache in der Lebenswelt der Vaganten und Ganoven
1992. Vergriffen

Bd. 6: **Magnus Mörner**:
Lateinamerika im internationalen Kontext
1995. Vergriffen

Bd. 7: Probleme der internationalen Gerechtigkeit
Herausgegeben von **Karl Graf Ballestrem** und **Bernhard Sutor**.
1993. Vergriffen

Bd. 8: **Karl Martin Bolte**:
Wertwandel. Lebensführung. Arbeitswelt
1993. Vergriffen

Bd. 9: **František Šmahel**:
Zur politischen Präsentation und Allegorie im 14. und 15. Jahrhundert.
1994. Vergriffen

Bd. 10: **Odilo Engels**:
Das Ende des jüngeren Stammesherzogtums
1998. Vergriffen

Bd. 11: **Hans-Georg Wieck**:
Demokratie und Geheimdienste
1995. Vergriffen

Bd. 12: **Franz-Xaver Kaufmann**:
Modernisierungsschübe, Familie und Sozialstaat
1996. Vergriffen

Bd. 13: **Wolfgang Brückner**:
„Arbeit macht frei". Herkunft und Hintergrund der KZ- Devise
1998. Vergriffen

Bd. 14: **Manfred Hättich**:
Demokratie als Problem
1996. Vergriffen

Bd. 15: **Horst Schüler-Springorum**:
Wider den Sachzwang
1997. Vergriffen

Bd. 16: **Gerhard A. Ritter**:
Soziale Frage und Sozialpolitik
1998. Vergriffen

Bd. 17: **Uwe Backes**:
Schutz des Staates
1998. Vergriffen

Bd. 18: **Klaus Schreiner**:
Märtyrer, Schlachtenhelfer, Friedenstifter
2000. Vergriffen

Bd. 19: **Antonio Scaglia:**
Max Webers Idealtypus der nicht-
legitimen Herrschaft
2001. Vergriffen

Bd. 20: **Walter Hartinger:**
Hinterm Spinnrad oder auf
dem Besen
2001. Vergriffen

Bd. 21: **Martin Sebaldt:**
Parlamentarismus im Zeitalter der
Europäischen Integration
2002. Vergriffen

Bd. 22: **Alois Hahn:**
Erinnerung und Prognose
2003. Vergriffen

Bd. 23: **Andreas Wirsching:**
Agrarischer Protest und Krise der
Familie
2004. 97 S., € 19,90
ISBN 978-3-531-14274-6

Bd. 24: **Stefan Brüne:**
Europas Außenbeziehungen und die
Zukunft der Entwicklungspolitik
2005. 104 S., € 19,90
ISBN 978-3-531-14562-4

Bd. 25: **Toni Pierenkemper:**
Arbeit und Alter in der Geschichte
2006. 114 S., € 12,90
ISBN 978-3-531-14958-5

Bd. 26: **Manfred Brocker:**
Kant über Rechtsstaat und
Demokratie
2006. 62 S., € 12,90
ISBN 978-3-531-14967-7

Bd. 27: **Jan Spurk:**
Europäische Soziologie als
kritische Theorie der Gesellschaft
2006. 80 S., € 12,90
ISBN 978-3-531-14996-7

Weitere Titel in Vorbereitung:

Alois Schmid:
Neue Wege der bayerischen
Landesgeschichte
2008. 107 S., € 19,90
ISBN 978-3-531-16031-3

Wilfried Spohn:
Politik und Religion in einer sich
globalisierenden Welt
2008. 98 S., € 19,90
ISBN 978-3-531-16076-4

Rainer Tetzlaff:
Afrika in der Globalisierungsfalle
2008. 108 S., € 19,90
ISBN 978-3-531-16030-6

Michaela Wittinger:
Christentum, Islam, Recht und
Menschenrechte
Spannungsfelder und Lösungen
2008. 85 S., € 19,90
ISBN 978-3-531-16140-2

MIX
Papier aus verantwortungsvollen Quellen
Paper from responsible sources
FSC® C105338

If you have any concerns about our products,
you can contact us on
ProductSafety@springernature.com

In case Publisher is established outside the EU,
the EU authorized representative is:
**Springer Nature Customer Service Center GmbH
Europaplatz 3, 69115 Heidelberg, Germany**

Printed by Libri Plureos GmbH
in Hamburg, Germany